SÜDTIROL

SÜDTIROL

NATUR, KULTUR & LEBENSART

136

86

6–19

BERG, LAND, SEE
Erste Eindrücke vom Land jenseits des Brenners: Still ruht der See, der Berg ruft hier vielleicht noch ein bisschen lauter als anderswo, und abends wandelt der Flaneur in den Städten unter den Lauben.

20–39

WIPPTAL UND EISACKTAL
Wer möchte nicht gern dem Schmuddelwetter nördlich der Alpen entfliehen? Hinter dem Brenner zeigen sich die ersten blauen Flecken in der Wolkendecke, und bald schon lacht die Sonne vom Firmament.

40–59

BOZEN UND UMGEBUNG
In Bozen prallen deutsche und italienische Kultur, Architektur, Sprache und Lebensart aufeinander. Das Sarntal steht für Tradition und stolzes Bauerntum, der Ritten ist ein Zufluchtsort im Sommer.

60–83

ÜBERETSCH-UNTERLAND
Nun biegen wir auf die Südtiroler Weinstraße ein: Mehr als anderswo im Land bestimmt hier der Wein Arbeit und Leben der Menschen.

DUMONT EXTRA
SÜDTIROLER WEINE
Südtirol gilt als das älteste Weinbaugebiet im deutschen Sprachraum. Jahr für Jahr heimsen die hiesigen Weine und Produzenten die renommiertesten Preise ein.

112

34

40

84–103

PUSTERTAL
Im Winter kann es hier im ›Sibirien Südtirols‹ ganz schön kalt werden. Aber Hugo von Hofmannsthal und Gustav Mahler wussten das Tal durchaus zu schätzen.

DUMONT EXTRA
UNESCO-WELTERBE DOLOMITEN
Mit dem Welterbestatus verbindet sich nicht nur die Anerkennung als imposante Berglandschaft, sondern auch eine enorme ökologische Herausforderung.

104–121

LADINIEN UND SCHLERNGEBIET
Europas größte Hochalm und das längste zusammenhängende Skikarussell der Welt: Willkommen im Land der Möglichkeiten!

122–143

MERAN UND VINSCHGAU
Viel Prominenz trug im Lauf der Zeit zum guten Ruf Merans bei. Die Stadt bezaubert und verzaubert – und doch wäre es ein Fehler, nicht auch weiter nach Westen vorzudringen, in den Vinschgau.

DUMONT EXTRA
SÜDTIROLER ÄPFEL
Jeder zehnte Apfel, der in der EU auf den Tisch kommt, stammt aus Südtirol. Das Land ist ein kulinarischer Garten Eden.

144–157

SÜDTIROL AUF EINEN BLICK
Die wichtigsten Sehenswürdigkeiten und schönsten Orte Südtirols, Daten und Fakten zu Land und Leuten sowie ein historischer Überblick zum Nachschlagen.

ANHANG
Register
Abbildungsnachweis
Impressum

BERG, LAND, SEE

SÜDTIROL, EIN WINTERMÄRCHEN? Durchaus, aber eben nicht nur. Es kann kein Zufall sein, dass ausgerechnet hier, in diesem wunderschönen ›Land im Gepirg‹, wie man einst den südlich des Brenners liegenden Teil der alten Grafschaft Tirol nannte, die Sommerfrische geboren wurde. Jedenfalls als Begriff: An einem heißen Sommertag im 17. Jahrhundert soll nämlich der Bozner Bürgermeister von Eberschlager auf den Ritten geritten sein und dabei den Unterschied zwischen der drückenden Hitze in Bozen und der frischen Luft dort oben bemerkt haben. Und weil er diese Frische höchst erfrischend fand, wollte er sie gerne länger genießen als nur bei seinen gelegentlichen Ausritten. Also ließ er sich hier ein ›Frischhaus‹ bauen. Andere folgten seinem Beispiel, und wer sich kein eigenes Haus leisten konnte, der fand zumindest ein Mietquartier in dieser neuen ›Sommerfrische‹. Heute ist Südtirol längst ein Ganzjahresreiseziel: im Frühjahr, weil die Almwiesen nie so schön sind wie dann, wenn oben auf den silbrig blitzenden Felsgipfeln noch ein bisschen Schnee liegt und unten im Tal die Natur neu und in allen Farben erwacht; im Sommer sowieso, im Herbst zum Törggelen und im Winter zum Wintersport. Nur eines haben die Südtiroler nicht so gern: wenn man in ihrem Land nur auf Durchreise ist. Was sich gut nachvollziehen lässt, wenn man sich Südtirol einmal etwas näher ansieht …

IM SCHNALSTAL schmiegt sich das Dorf Vernagt an den gleichnamigen See, der in den Jahren 1956 bis 1962 künstlich aufgestaut wurde. An der Ostseite des Sees führt ein Weg hinauf bis zur Similaunhütte, wo die Gletschermumie Ötzi gefunden wurde.

AUFSTIEG

In Südtirol hat man die Qual der Wahl – von der einfachen Bergwanderung über den anspruchsvolleren Aufstieg und Klettersteigfreuden bis hin zum freien Klettern in der Wand – wie hier an der Kleinen Cirspitze.

GOLDENER HERBST

Manche meinen, der Herbst sei die beste Zeit für einen Südtirolaufenthalt – wenn sich das Laub in den Weinbergen wie hier bei St. Magdalena oberhalb von Bozen goldgelb verfärbt und in den Buschenschenken neuer Wein und süßer Most ausgeschenkt werden.

PAARE, PASSANTEN

Zwischen Rathausplatz und Obstmarkt erstrecken sich die Bozner Lauben – eine exklusive Einkaufsmeile mit stilvollen Geschäften und überdachten Arkadengängen zu beiden Seiten, in der man herrlich Bummeln und Flanieren kann.

Hotel
Bata

AUGENWEIDE

Grün ist die Hoffnung, sagt man, und in Südtirol gibt es genug davon – idealerweise in Form herrlicher Almwiesen wie hier auf der Marzoner Alm bei Kastelbell-Tschars im Vinschgau. In 1600 Metern Höhe kann hier der vom Alltagsgrau geplagte Städter seine Augen am saftigen Wiesengrün weiden, sich des Lebens freuen und darauf hoffen, dass ihm der Himmel nicht auf den Kopf fällt. Denn der kommt einem in Südtirol, bedingt durch gebirgige Höhen, manchmal schon ziemlich nah.

AM SONNENHANG

Oberhalb von St. Kassian stehen noch ein paar einfache Bauernhöfe und eine kleine Kapelle – im Ort selbst freut sich auch der Jetset am himmlischen Blau. Eingebettet zwischen den Felswänden des Conturines (3064 Meter), des La Varella (3055 Meter), des Settsass (2571 Meter) und des Lagazuoi (2778 Meter) genießt man dort eine ›einfache‹ Küche – mit besten Zutaten, versteht sich, denn St. Kassian ist das einzige Bergdorf Italiens, in dem es ein mit zwei Michelin-Sternen ausgezeichnetes Restaurant gibt.

SCHÄFERIDYLLE

In Südtirol, das mag den einen oder anderen beruhigen, schweigen die Lämmer nicht: Sie blöken. Was durchaus etwas Beruhigendes haben kann, wenn man etwa auf der Saxalber Alm im Schnalstal – in den Ötztaler Alpen also und vielleicht hinauf zur Kreuzspitze auf 2576 Metern Höhe – unterwegs ist.

WIPPTAL UND EISACKTAL

Mehr als 60 deutsche Kaiser zogen mit ihrem Gefolge über den 1375 Meter hohen Brenner, den niedrigsten Pass in den Ostalpen. Doch nichts erinnert mehr an die wechselvolle Geschichte dieses Ortes, wenn man heute das Tor zum Süden passiert. Kein Grenzer, kein Schlagbaum, kein Geldwechsel. Erst einige Kilometer weiter wird einem bewusst, dass man die Grenze zum Norden hinter sich gelassen hat: beim Anblick der von Schnee bedeckten Dreitausender der Stubaier Alpen nämlich.

SÜDTIROLS LANDSCHAFTLICHE VIELFALT ist beeindruckend: Hier überragt die karge, felsgezackte Gebirgswelt der Geislerspitzen das üppige Grün des Eisacktals; im Vordergrund die Kirche St. Johann in Ranui.

ALT UND NEU gehen in Südtirol Hand in Hand. Dass – und wie – Heilkräuter wirken, die hier vor einer Almhütte im Eisacktal an die Gewürze in einem orientalischen Basar erinnern, wussten die Ältesten der Alten schon immer. Neu ist, dass auch die Jungen wieder vermehrt das Wissen der Alten schätzen – und nutzen.

GLAUBE, HOFFNUNG, LIEBE

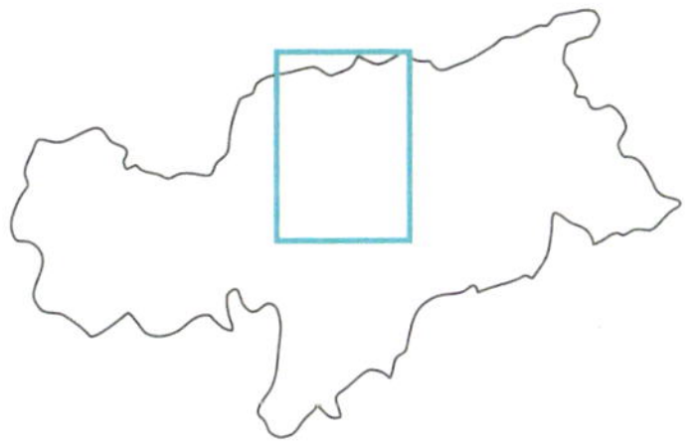

Mit 3507 Metern ist das Zuckerhütl der höchste Gipfel der Stubaier Alpen. Wilder Pfaff, Tribulaun, Wilder Freiger – das sind Namen, die jedes Bergsteigerherz höher schlagen lassen. Der gen Süden Fahrende erhält hier einen ersten Eindruck von Südtirol, mit dem er nicht unbedingt gerechnet hat. Man muss kein kleiner Reinhold Messner sein, um die Hochtäler des Wipptales zu erkunden. Gossensass, der Verwaltungssitz der Gemeinde Brenner, und Sterzing sind Ausgangspunkte für viele lohnende, nicht allzu schwierige Touren.

Klausen, Sterzing, Brixen Drei Städte quert man auf dem Weg vom Brenner nach Bozen. Alle drei schmücken sich mit einem Beinamen. Klausen nennt sich Dürerstädtchen, weil der berühmte Albrecht hier den Zeichenstift gespitzt hat. Brixen ist als ehemaliger Bischofssitz natürlich die Bischofsstadt, und auch Sterzing, die nördlichste der drei, heißt nicht nur Sterzing, sondern auch die Fuggerstadt. Bevor aber die Augsburger Kaufmannsfamilie Anteile an den Silberbergwerken der Umgebung erwarb, machte sich ein anderer um die Stadt verdient: Otto von Görz und Tirol verlieh Sterzing das alleinige Weinausschankrecht zwischen Brenner und Mittewald, nahe der heutigen Franzensfeste. Der wahre Reichtum war jedoch in den umliegenden Bergen zu finden: das Silber. Etwa 1700 Einwohner hatte Sterzing im 15. Jahrhundert – rund 10 000 Knappen arbeiteten damals hier unter Tage. Um die Mitte des Jahrhunderts zerstörte ein Brand die mittlerweile wohlhabende Stadt; Sterzing entstand neu und wie aus einem Guss.

DIE FRANZENSFESTE Weil Napoleons Armee 1797 von Süden her anmarschierte, ließ Fürst Metternich die Südgrenze befestigen. Als vorgeschobene Schutzbastion zur

MITTEN DURCH DEN Zwölferturm führt die ›Neustadt‹ genannte Hauptstraße von Sterzing. Gesäumt wird sie von einem der schönsten Häuserensembles Südtirols.

Sicherung des Brennerpasses, entstand so in nur fünf Jahren Bauzeit (1833–1838) die Franzensfeste. Gedacht war sie ursprünglich für 1200 Mann, tatsächlich zogen aber nur 70 Soldaten als Besatzung ein. Denn im südlichen Tirol fand im 19. Jahrhundert kein Krieg mehr statt, der dieser gewaltigen Anlage Bedeutung verleihen konnte. Einen Rekord hat die Franzensfeste deshalb schon sicher: Ihr mehr als 2,5 Millionen Gulden teurer Bau erwies sich als die bisher kostspieligste Fehlinvestition in der Geschichte des Landes. Im Jahr 1867 wurde die Brennerbahn gebaut, 1871 die Bahnlinie ins Pustertal. Jetzt stand das aus normgleichen Steinquadern errichtete Ungetüm nur mehr im Weg. Im Jahr 1919 fiel die Festung kampflos an Italien.

WO IST DAS GOLD VON MUSSOLINI? Im Dezember 1943 erreichte ein Zug die Franzensfeste. Soldaten der Waffen-SS bewachten den Transport. 127,5 Tonnen Goldreserven der Banca d'Italia wurden gelagert: Mussolini hatte das Gold vor seinem Sturz in Sicherheit gebracht. Als die Amerikaner 1945 hier einrückten, fanden sie noch 25 Tonnen davon. Der Rest hatte sich offenbar in Nichts aufgelöst …

KUNST IN DER FESTUNG Bis in die 1990er-Jahre wurde die Anlage vom italienischen Heer als Pulverlager genutzt und blieb militärisches Sperrgebiet. Seit dem Jahr 2005 ist sie für Besucher zugänglich, 2008 war sie einer von vier Ausstellungsschauplätzen der Kunstbiennale Manifesta 7, im Jahr 2009 beherbergte sie die Landesausstellung zum Gedenkjahr 1809, und 2011 präsentierten 50 Südtiroler KünstlerInnen 50 Tage lang in 50 Räumen ihre Werke (50x50x50 artSüdtirol).

BRIXEN UND DIE KIRCHENGESCHICHTE In Brixen hatten es die geistlichen Herren nie leicht: Ein Bauernaufstand im Jahr 1525 zwang den Fürstbischof und die Domherren zur Flucht, der Bauernführer Michael Gaismair zog für fünf Monate in die bischöfliche Burg. Dann wendete sich das Blatt, und die geistlichen Herren kehrten zurück. Gegen Ende des 18. Jahrhunderts wurde Brixen Garnisons- und Lazarettstadt; wieder musste ein Bischof aus der Bischofsstadt fliehen. Im Jahr 1807 hoben die Bayern, die als Verbündete Napoleons nun das Sagen hatten, Kloster Neustift und das Priesterseminar auf. Es dauerte dann fast ein Jahrhundert, bis für Brixen und die Geistlichkeit wieder gute Zeiten anbrachen.

KUNST UND EDLE TROPFEN Neustift ist etwas für Kunstkenner: Gemälde, Fresken, die Bibliothek, der Kreuzgang, das mittelalterliche Ensemble inmitten der südlichen Landschaft, das Interesse an Oswald von Wolkenstein, der hier begraben liegt – es gibt viele gute Gründe, das Kloster zu besuchen. Und doch liegt der Verdacht nahe, dass es etwas anderes ist, das die Gäste aus nah und fern hinter die Klostermauern treibt: die edlen

MEISTER DER BRIXNER SCHULE mit Hans von Bruneck und Leonhard von Brixen als deren wichtigste Repräsentanten schufen in den Jahren 1390 bis 1510 die prachtvoll restaurierten Gewölbefresken im Brixner Kreuzgang. Dargestellt sind vorwiegend Szenen des Alten und Neuen Testaments.

AUF DEN SPUREN DES OSWALD VON WOLKENSTEIN

Tropfen aus der Klosterkellerei. Und so endet auch jeder Besuch in der ehemaligen Klosterschmiede, wo hervorragende Eigenbauweine verkostet werden können.

BERGFEXE, KAISER, MESSNER In dem Talschluss von Villnöss, in St. Magdalena, auf der Gschnagenhart-Alm, hat Reinhold Messner seine Kindheit und Jugend erlebt. Die vielen Bergfexe, die sich heute auf die Spuren des weltberühmten Südtirolers begeben, der als erster Mensch auf den Gipfeln aller 14 Achttausender stand, fahren bis St. Magdalena, der letzten Ortschaft im Tal, Ausgangspunkt für Touren und Kletterpartien im Naturpark Puez-Geisler.

Oben am Berg war es immer schon sicherer als unten im Tal. Deshalb sind auch die deutschen Kaiser auf ihrem Krönungsweg in den Süden zwischen Brixen und Bozen den Berghang entlanggezogen. So erklärt sich auch der Name Kaiserweg.

WEIN, WALD, ALM Vielfältig sind die Landschaftsformen zwischen Feldthurns, Villanders und Barbian. Auf 500 Höhenmetern dominieren noch die Weinäcker, dann folgen der Wald und schließlich die Hochalmen. Die Villanderer Alm (2500 m) ist ein beliebtes Naherholungsziel, im Sommer wie im Winter. Zwar ist sie nicht ganz so berühmt wie die Seiser Alm auf der gegenüberliegenden Talseite – aber durchaus einen Ausflug wert.

BESINNLICHE EINKEHR Das Gleiche gilt auch für das auf einem Felsen rund 200 Meter hoch über dem Tal und dem Städtchen Klausen thronende Kloster Säben. Vom Blitz zerstört, wurde es im Jahr 1686 wieder aufgebaut und von fünf Benediktinerinnen aus dem Salzburger Land bewirtschaftet. Wie Brixen und Neustift, litt auch Säben unter der napoleonischen Herrschaft. Es wurde geplündert – erst im Jahr 1814 kamen die Nonnen nach Säben zurück und gründeten eine Klosterschule.

Während hinter den Klostermauern Ruhe herrscht und besinnliche Einkehr möglich ist, wird es draußen vor allem im Herbst ganz schön lebendig: Denn an Säben führt der Kastanienweg vorbei. Das untere Eisacktal ist eine Törggelen-Hochburg, und wer hier im Oktober und November einen Sitzplatz in den Buschenschenken ergattern will, der muss diesen entweder vorbestellen oder wirklich ganz früh aufstehen.

OBEN | GANZ SO IDYLLISCH sollte man sich das bäuerliche Leben auch hier im Villnösstal mit Blick auf die Geislergruppe eher nicht vorstellen. Einfach schön aber ist es schon, weil die Menschen hier wie kaum anderswo im Einklang mit der Natur leben. UNTEN | JEDES JAHR ANFANG JUNI veranstaltet man in Südtirol – 2012 bereits zum 30. Mal – den Oswald-von-Wolkenstein-Ritt zu Ehren des berühmten Minnesängers. Gestartet wird bei der Trostburg im Eisacktal, das Ende markiert Schloss Prösels im Schlerngebiet.

OBEN | IM AUGUSTINER CHORHERRENSTIFT Neustift wurden die alten Fresken des Kreuzgangs 1636 mit weißer Tünche übermalt. Nun holt man sie wieder ans Tageslicht. Bei Restaurationsarbeiten in der Stiftskirche entdeckte man ein Grab aus dem 15. Jahrhundert – wohl mit den sterblichen Überresten Oswalds von Wolkenstein. LINKS | IM WEINBERG DES HERRN geht die Sonne nicht unter. Das Kloster ist eine Gründung des Jahres 1142. UNTEN | IN DER BRIXNER Altstadt laden Laubengänge zum Flanieren und traditionsreiche Gaststätten wie der Finsterwirt zur gemütlichen Einkehr ein.

OBEN | IM VILLNÖSSTAL – offenbar ein Spielplatz für Weltenbummler – verbrachte Reinhold Messner seine Kindheit und Jugend. Er selbst sagt über sich, er sei »Südtiroler, mit Haut und Haaren«. Um hinzuzufügen: »Wir Südtiroler sind keine Italiener, wir sind aber auch keine Österreicher oder Deutschen. Wir sind Südtiroler und Europäer.« LINKS | DIE GRENZE zwischen dem bürgerlichen und dem geistlichen Bezirk markiert in Brixen der gotische Bau der Pfarrkirche St. Michael (im Bild neben der Nepomukstatue an der Adlerbrücke).

KOCHDUELL

Wenn im Herbst die Tage kürzer werden und sich die Natur in Südtirol an einer Ahnung von Indian Summer versucht, dann wird auch hier im Eisacktal die fünfte Jahreszeit eingeläutet – ist also Törggelen angesagt. Zu den schmackhaftesten regionalen Besonderheiten gehören die traditionell auf dem Holzherd in der Schmalzpfanne gebackenen Feldthurner Krapfen.

SÜDTIROLER DREIFALTIGKEIT

Ein magischer Ort wartet auf den Wanderer am Latzfonser Kreuz: Hier, wo viele Haflinger den Sommer verbringen und man auf einer Hütte das Wandern zum Genusswandern machen kann, begegnet uns die Südtiroler Dreifaltigkeit: Glaube (Wallfahrtskapelle), Hoffnung (Himmel und Berge), Liebe (zum Leben und zur Natur).

OBEN | DER WALTHERSAAL in der Stadtgasse von Klausen erinnert nicht zufällig an den berühmten Minnesänger: Walther von der Vogelweides – tatsächlich bis heute unbekannter – Geburtsort wurde im benachbarten Lajener Ried vermutet. LINKS | DIE WAND- UND DECKENMALEREIEN der über den Resten einer frühchristlichen Doppelkirche erbauten Heiligkreuzkirche im bis heute von Benediktinerinnen geführten Kloster Säben bei Klausen schuf ein italienischer Künstler im Jahr 1679.

OBEN | ST. ANTON IM PFLERSCHTAL liegt auf 1246 Metern Höhe. Aufgrund seiner Bergwerksvergangenheit nennt man das über den Pflerschbach entwässerte, vom 3096 Meter hohen Tribulaun überragte Tal auch ›Silbertal‹. UNTEN | DIE FRÜCHTE DER ›KESCHTNBÄUME‹ – so nennt man in Südtirol die Kastanien – gehören im Herbst zum ›Törggelen‹ wie der Wein, das Brot und der Speck. RECHTS | TRADITIONELLES BAUERNLEBEN im Villnösstal, das sich in ost-westlichter Richtung vom Ruefen und der Geislergruppe bis zur Mündung im Eisacktal nördlich von Klausen erstreckt.

BOZEN UND UMGEBUNG

Bozen ist eine Stadt, an der ein Fremder auch verzweifeln kann. Deutsche und italienische Kultur, Architektur, Sprache, Lebensart prallen hier aufeinander. Deutsche und Italiener leben neben- und manchmal auch miteinander. Bozen ist eine Herausforderung, Bozens Hinterland dagegen eine Region ohne Wenn und Aber: Das Sarntal steht für Tradition und stolzes Bauerntum, der Ritten ist ein Zufluchtsort für Bozens Bürger während der heißen Sommermonate.

MUSENTEMPEL: Das im Jahr 2008 eröffnete Museum für moderne und zeitgenössische Kunst Bozen, Museion, frönt architektonisch dem (in diesem Fall 54 Meter langen, 25 Meter hohen 23 Meter breiten) Kubismus.

Merkantilmuseum Bozen
Museo Mercantile Bolzano
SPORTLER
ALPIN
Maria

BEIM SCHAUFENSTERBUMMEL durch Bozens Laubengasse kann man so manche Entdeckung machen: Nur die Ware ist das Wahre. Die Gasse selbst gehört seit jeher zu den traditionellen Einkaufsmeilen der Stadt. Ihr Verlauf entspricht dem nördlichen Graben der alten Bischofsstadt.

EINE STADT IM WANDEL

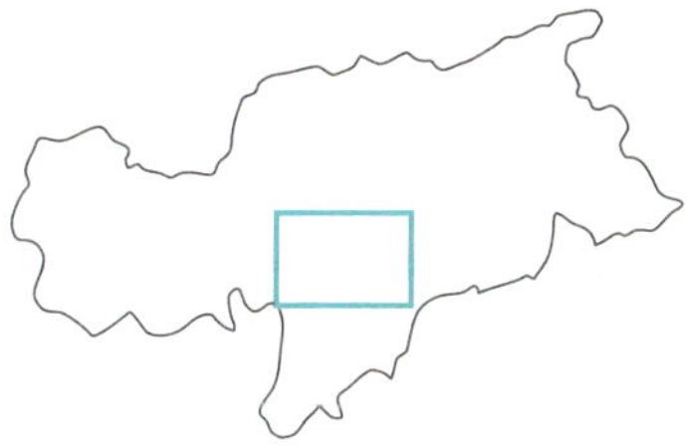

Bozen gibt es nicht bloß einmal, sondern gleich in vierfacher Ausfertigung. Da ist zum einen die mittelalterliche Handelsstadt, gefolgt von der monumentalen Neustadt der 1930er-Jahre, und da ist zum anderen das dörfliche Bozen mit den Weinbergen vor der Haustür, das in einem deutlichen Kontrast steht zum – von neuester Architektur geprägten – Bozen des 3. Jahrtausends.

Aus der einstigen Handelsstadt wurde im Verlauf der vergangenen zwanzig Jahre ein vielseitiges Dienstleistungszentrum. Letzteres hat der Industriestadt Bozen ein schnelles Ende gesetzt. Das Vorhaben des faschistischen Regimes der 1920er- und 30er-Jahre, das landwirtschaftlich geprägte Bozen zu industrialisieren, ist nämlich nur zur Hälfte gelungen. Zwar verschwanden die Obstwiesen im Süden der Stadt, aber einige Jahrzehnte später auch die Industrieriesen. Die einzige Ausnahme ist das Bozner Stahlwerk. So wurde aus der *zona industriale* das Gewerbegebiet Bozen Süd: Wer Bozen über die Autobahnausfahrt Süd erreicht, der muss da durch, wohl oder übel.

DEUTSCH UND ITALIENISCH In Bozen ist alles entweder-oder. Die Altstadt ist deutsch, die Neustadt westlich der Talfer italienisch. Dahinter der alte Kurort Gries ist wieder deutsch. Der Besucher wird sich anfangs etwas schwer tun mit diesen Bozner Facetten. Daher zur Einstimmung eine Geschichte: Bozens italienischer Bürgermeister hatte eine wunderbare Idee: Der Siegesplatz hinter dem gleichnamigen Denkmal sollte Friedensplatz heißen. Gesagt, getan: Mithilfe seiner Mitte-links-Koalition und der Südtiroler Volkspartei wurde der Platz umgetauft. Kaum waren die Straßenschilder ausgewechselt, schrie die italienische Rechtsopposition Zeter und Mordio und setzte eine Volksbefragung durch. Nur wenige deutsche Bozner gingen

URBANITÄT UND FRÖMMIGKEIT

zur Wahl, aber viele italienische Bürger. Die meisten von ihnen wollten sich ihren Siegesplatz nicht nehmen lassen, und so mussten die Friedensplatz-Schilder wieder abgeschraubt werden – so geschehen nicht etwa in den 1950er-Jahren, sondern zu Beginn des neuen Jahrtausends, im Herbst 2002.

DAS IST SÜDTIROL Ein anderes Beispiel: Am Waltherplatz blickt Walther von der Vogelweide, manchmal erhaben, manchmal vom Festrummel genervt, auf sein deutsches Bozen. Einen Kilometer Luftlinie entfernt steht das martialische Siegesdenkmal, das Mussolinis Paradearchitekt Marcello Piacentini entworfen hat. Unweit davon grüßte bis Anfang des Jahres 2011 am Gerichtsplatz von der Stirnseite des Finanzamtes der Duce hoch zu Ross, erst dann wurde das Relief des Faschisten endlich entfernt. Da es von dem Südtiroler Bildhauer Hans Piffrader (1888–1950) stammte, waren sich die Südtiroler wohl nicht ganz einig, ob sie in dem reitenden Duce einen Affront sehen oder die Freiheit der Kunst auch für faschistische Inszenierungen gelten lassen sollten. Das ist Südtirol, und das ist vor allem Bozen.

BOZNER EINDRÜCKE All das aber lässt der Spaziergänger hinter sich, wenn er vor den Mauern des Benediktinerklosters Muri Gries steht. Dahinter verbirgt sich ein Weinkeller, zu dem Kenner nur zu gern freien Zugang hätten. Die barocke Stiftskirche aus dem 18. Jahrhundert ist das dominierende Bauwerk der burgähnlichen Klosteranlage. In der Mitte des 19. Jahrhunderts wurde Gries als Luftkurort entdeckt. Elegante Hotels und Sanatorien entstanden, Promenaden, Luxusvillen mit parkähnlichen Gärten. Zwischen Gries und dem Bozner Stadtkern wächst nichts als Wein.

WOHLSTAND DURCH HANDEL Seit Claudia de' Medici die Stadt am Zusammenfluss von Talfer, Eisack und Etsch zum privilegierten Marktstandort mit Handels- und Wechselgericht machte, ging es mit Bozen wirtschaftlich bergauf. Das prächtige Merkantilgebäude in der Silbergasse lässt erahnen, welch bedeutsame Rolle die Handelsstadt einstmals spielte. Mit dem Wandel von Bozen Süd schließt sich der Kreis.

ALT UND NEU Wer bei Sonnenuntergang an der Talferbrücke steht, das Siegesdenkmal

AN DER SÜDSEITE des Waltherplatzes überragt die gotische Dompfarrkirche Maria Himmelfahrt die umliegenden Dächer. Ihr filigraner, 62 Meter hoher Turm wurde in den Jahren 1501 bis 1519 nach Plänen des schwäbischen Steinmetzmeisters Hans Lutz von Schussenried errichtet.

im Rücken, der sollte den Blick Richtung Rosengarten erheben. Dann wird klar, warum die bizarre Bergkette so heißt. Jetzt ist die beste Zeit, das ebenso strenge wie sterile neue Bozen mit der pulsierenden Altstadt zu vertauschen. Steh- und Straßencafés haben kaum freie Plätze, die Unterschiede zwischen deutsch und italienisch verschwinden. Der Obstmarkt, wo schon Goethe und Herder wohnten, ist noch immer eine farbenprächtige Verführung. Dass nicht nur weltliche Macht den Ton angab, sondern auch geistliche Herren, daran erinnern der gotische Dom sowie die Klöster der Franziskaner und Dominikaner mitten in der Stadt.

Natürlich liegt auch Bozen hinter den Bergen und schafft es ab und zu, nicht mehr Landeshauptstadt, sondern einfach nur Provinzhauptstadt zu sein. Aber man muss Bozen zugute halten, dass die Stadt in den vergangenen Jahrzehnten ihr Image aufpoliert hat. Die Talferwiesen wurden für die Menschen zu einem großartigen Freizeitpark, das Radwegenetz lässt kaum Wünsche offen, und international renommierte Architekten durften sich kleine Denkmäler setzen. Das neue Stadttheater am Verdiplatz, die Freie Universität Bozen, die Europäische Akademie an der Drususbrücke und nicht zuletzt das 2008 eröffnete Museum für moderne Kunst – das Museion an den Talferwiesen – stehen für das neue Gesicht der Stadt. Zwei Brückenbögen führen direkt hinein in den Tempel der zeitgenössischen Kunst. Die Tate Modern in

EIN MEISTERWERK spätgotischer Schnitzkunst ist der Marienkrönungsaltar in der Alten Pfarrkirche von Bozen-Gries, den Michael Pacher ab dem Jahr 1471 in vierjähriger Arbeit schuf. Gries, lange ein eigenständiger Luftkurort, wurde im Jahr 1925 in Bozen eingemeindet.

DER RITTEN ist ein herrliches, sich zwischen dem Sarntal und dem Eisacktal erstreckendes Hochplateau. »Hier …«, schrieb Sigmund Freud einst an C. G. Jung, »ist es göttlich schön und behaglich. Ich habe eine unerschöpfliche Lust zum Nichtstun.«

London begnügte sich mit nur einer Brücke. Aber Bozen ist eben Provinz- und Weltstadt gleichermaßen, und wer sich Zeit nimmt für ihre verschiedenen Gesichter, der versteht früher oder später, warum Südtiroler sich so schwer tun mit ihrer Identität.

DIE GALLIER SÜDTIROLS Mit mehr als 30 000 Hektar Fläche ist Sarnthein die größte Gemeinde des Landes. Im Tal wird das Brauchtum unabhängig von Urlaubsgästen gelebt. Das beginnt beim Tragen der Festtagstracht und endet im bunten Treiben beim Sarner Kirchtag. Aber wer glaubt, das Sarntal sei ein Bollwerk gegen alles Moderne, der irrt: Die Menschen im Tal wägen einfach ab, was ihnen nutzt und woran sie festhalten sollen.

ALLE WEGE FÜHREN ÜBER DEN RITTEN Bis zum Jahr 1965 war der Ritten nur über Bergwege oder die Zahnradbahn von Bozen aus erreichbar. Mag ja sein, dass alle Wege nach Rom führen, aber zuerst führen sie einmal über den Ritten. Deutsche Könige auf dem Weg zur Kaiserkrönung kamen ebenso vorbei wie die Pilger, die das Hospiz in Lengmoos gründeten. Und schließlich entdeckten die ›Stadtler‹ das Hochplateau mit der herrlichen Aussicht und den – im Gegensatz zur Stadt – vergleichsweise kühlen Temperaturen. Noch heute ist es gang und gäbe, dass die Bozner zwei, drei Wochen eine Ferienwohnung auf dem Ritten beziehen. Mancher betuchte Bozner Bürger bewohnt hier sogar eine eigene Sommerresidenz.

OBEN | SCHLOSS RUNKELSTEIN, ab dem Jahr 1237 am Eingang des Sarntals errichtet, beherbergt den ältesten und umfangreichsten profanen Freskenzyklus Süditirols. Alles in allem rundet sich der ab dem 14. Jahrhundert entstandene Zyklus einheimischer Künstler zu einem »Bilderbuch der höfischen Spaßgesellschaft« (Sebastian Marseiler), in dem neben Rittern, Burgfräulein und Minnesängern auch berühmte Liebespaare wie Tristan und Isolde vorkommen. RECHTS | DIE BOZNER LAUBENGASSE öffnet hier den Blick auf die nahen Berge.

FREY WILLE

OBEN | ZUM KLASSISCHEN SARNTALER Gewand gehört der Leibgurt, der im regionalen Dialekt ›Fatsch‹ genannt wird – nach den ›Fatschenmachern‹, den Federkielstickern, die für ein solches Schmuckstück zwischen hundert und zweihundert Arbeitsstunden benötigen. Als Ausgangsmaterial verwendet man die Kiele von Pfauenschwanzfedern. UNTEN | ›REGGELE-MACHER‹ nennt man im Sarntal den Pfeifenschnitzer. RECHTS | ›MARTERL‹ (hier bei Lengstein am Ritten) heißen in Südtirol und Bayern die tradtionellen Bildstöcke.

N.R.I.

ALLROUNDER IM WIESENGRUND

Südtirol ist die Heimat der Haflinger. Dabei handelt es sich um wendige, besonders trittsichere Pferde, die gegen Ende des 19. Jahrhunderts auch für den militärischen Einsatz im Hochgebirge gezüchtet wurden. Auffälligstes Merkmal ist ihr fuchsfarbenes Fell mit den blonden Mähnen. Zunächst waren es vor allem die Bauern vom Tschöggelberg und dem Dorf Hafling zwischen Bozen und Meran, die die Kleinpferde kauften. Deshalb bürgerte sich der Name ›Haflinger‹ ein.

SCHLOSS SIGMUNDSKRON heißt nun ›MMM Firmian‹: ›MMM‹ steht für Messner Mountain Museum, ein fünfteiliges Museumsprojekt, dessen Herzstück das rund drei Kilometer südlich von Bozen gelegene Schloss Sigmundskron ist (oben das Nord-Rondell mit der Manimauer).

REINHOLD MESSNER musste einige Schwierigkeiten überwinden, bis er die Genehmigung für den Umbau von Sigmundskron in der Tasche hatte und sein Vorhaben verwirklichen konnte. Als Architekt beauftragte er Werner Tscholl, dem es gelang, die Ursprünglichkeit des historischen Gemäuers zu erhalten. Seine Glas- und Stahlkonstruktionen lassen sich leicht wieder entfernen, wenn der Pachtvertrag nach 30 Jahren ausläuft.

MESSNER MOUNTAIN MUSEUM

ALS SEINEN ›15. ACHTTAUSENDER‹ bezeichnet Reinhold Messner sein fünfteiliges Museumsprojekt – allein in den Umbau von Schloss Sigmundskron investierte der Felskletterer, Expeditionsbergsteiger, Pol- und Wüstendurchquerer zehn Jahre seines Lebens. Jedes der fünf Museen ist einem eigenen Thema gewidmet. Im MMM Firmian geht es um die Auseinandersetzung zwischen Mensch und Berg, die nicht selten einen tödlichen Ausgang hat. Das unterirdisch angelegte MMM Ortles in Sulden ist dem Thema Eis gewidmet. Auf Schloss Juval steht der Mythos Berg im Mittelpunkt. MMM Dolomites auf dem Monte Rite (2181 Meter) in der Provinz Belluno erzählt die Erschließungsgeschichte der Dolomiten. Schloss Bruneck ist den Bergvölkern der Erde gewidmet. Alles in allem eröffnet Messners grandioses Musuemsprojekt dem Besucher eine ganz neue und einzigartige Berg- und Erlebniswelt.

ZU DEN BEWEGENDSTEN Exponaten im MMM Firmian gehört der Schuh des verunglückten Bruders von Reinhold Messner: Günther Messner ist im Jahr 1970 am Nanga Parbat im Himalaya ums Leben gekommen.

OBEN | IN DER BOZNER ALTSTADT recken sich die Häuser dem Sonnenlicht und den Gipfeln der Berge entgegen. RECHTS | DIE BERÜHMTEN ERDPYRAMIDEN am Ritten entstanden bereits gegen Ende der letzten Eiszeit vor rund 10 000 Jahren, als der vom Eisacktaler Hauptgletscher abgelagerte Moränenlehm bis zu 15 Meter hohe Steilwände formte. Dort, wo größere Steine auf dem Lehm lagerten und diesen durch ihr Gewicht festigten, wurden die Erdpyramiden förmlich aus den Wänden herausgewaschen bzw. herausgewittert.

PANORAMA

Von St. Justina aus, einem Bozner Stadtteil, blickt man über die Weinberge hinweg bis zur rund acht Kilometer langen Rosengartengruppe mit der 2981 Meter hohen Rosengartenspitze im Zentrum dieses imposanten Dolomiten-Bergmassivs.

ÜBERETSCH-UNTERLAND

Ein Bad im Kalterer See, auch wenn der Herbst schon die Laubwälder färbt, in der Bletterbachschlucht einen Canyon erkunden, ohne deshalb nach Nordamerika fahren zu müssen, in Castelfeder picknicken, dem sagenumwobenen Kultplatz – der Süden Südtirols ist ein von der Natur geschaffener Freizeitpark. Und wer dieses herrliche Stück Land mit dem Fahrrad erkunden will, der kann sich am Etschradweg oder auf vielen kleinen Nebenstraßen austoben. Vor allem aber biegen wir hier auf die Südtiroler Weinstraße ein: Mehr als anderswo im Land bestimmt hier der Wein die Arbeit und das Leben der Menschen.

DER ARCHITEKT Werner Tscholl entwarf für die bereits im Jahr 1898 als eine der ersten Genossenschaften Südtirols gegründete Kellerei Tramin ›das neue Heim des Gewürztraminers‹ – einen ›von der Rebe inspirierten‹ Neubau.

DIE GUTEN ins Töpfchen, die Schlechten ins Kröpfchen? Angebaut wird hier im Schatten des Tschögglbergs auch die alte einheimische Rebsorte ›Weißer Terlaner‹, von der mancher Kenner behauptet, sie ließe sich sogar mit dem Champagner vergleichen.

IM REICH DER KELLERMEISTER

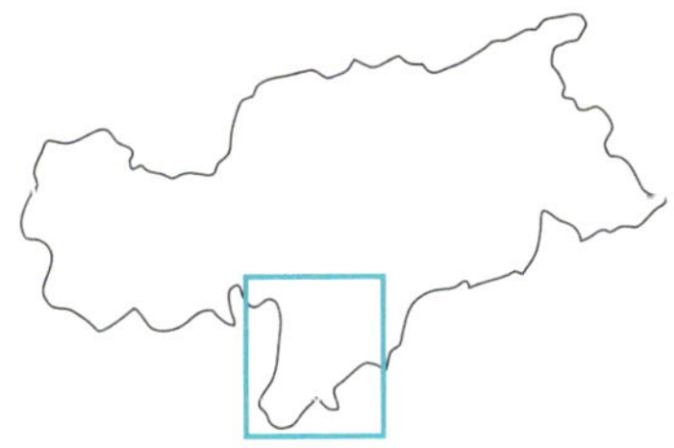

Kaum lässt man die letzten Neubauviertel von Bozen hinter sich, weitet sich der Blick. Eine sanfte Hügellandschaft tut sich da auf, ein Meer von Weinbergen. Und wäre da nicht im Hintergrund ein Bergkamm, der dem harmonischen Bild ein Ende setzt, müsste man glauben, es ginge bis ins Unendliche so weiter. Wir sind im Überetsch. Im Mittelalter hatten hier die Grafen von Eppan das Sagen. Vergeblich versuchten sie, ihren Erzfeinden, den Grafen von Meran, die Vorherrschaft im Lande Tirol streitig zu machen. Das war eine jahrzehntelange, blutige Fehde. Als die Eppaner dann den Bogen überspannten und die päpstlichen Gesandten überfielen, machte Heinrich der Löwe im Jahr 1158 dem Spuk ein Ende. Die Eppaner wurden vernichtend geschlagen und spielten fortan keine Rolle mehr im politischen Leben des Landes – heute aber umso mehr im Fremdenverkehrsleben von Südtirol.

BURGENRITTER UND HERRGOTTSKINDER An die Ritterzeit erinnert einmal im Jahr der Eppaner Burgenritt, der das Stammschloss der Grafen – Hocheppan – in den Mittelpunkt stellt. Ihre Nachbarn nennen sich ganz unbescheiden Herrgottskinder, was deutlich macht, mit welch stolzgeschwellter Brust die Kalterer durchs Leben schreiten. Nicht ganz zu unrecht, denn der liebe Gott muss schon bei sehr guter Laune gewesen sein, als er den Flecken rund um den Kalterersee, den wärmsten See der Alpen, geschaffen hat.

EPPAN UND KALTERN Kaltern hat kleinstädtischen Charakter, während die Großgemeinde Eppan aus acht getrennten Ortsteilen besteht. In Eppan ist man, wenn man im heißen Sommer ein kühles Plätzchen am Ufer der Waldseen in Montiggl sucht, das Mittelgebirge rund um die Schlösser Hocheppan, Boymont und Korb erkundet oder die Weindörfer Girlan und St. Pauls besucht. Letztere sind

Eppaner Trumpfkarten im Wettstreit mit den Nachbarn. Und einen Rekord dürfen die Eppaner ganz für sich allein beanspruchen: Mit rund 1100 Hektar hat Eppan die größte Weinanbaufläche aller Südtiroler Gemeinden.

BESTE LAGEN BEI TRAMIN Das hektische Überetsch weicht südlich von Kaltern einem gemächlichen Unterland. Wo früher einmal Sümpfe und Auen waren, erstrecken sich heute Apfelanlagen. Die Etsch ist begradigt und schlängelt sich nicht mehr ganz so gemütlich durch die Talsohle, aber sonst ist es, als ob einem jemand die Stoppuhr aus der Hand genommen und mit der Sonnenuhr vertauscht hätte. Nur die Weinhügel erinnern noch an das Überetsch. Westlich der Etsch bei Tramin sind es Söll, Rungg oder Kastelaz, um nur einige zu nennen, die vom Fachmann als beste Lagen gelobt werden.

Tramin hat seinen Charakter als typisches Weindorf des Unterlandes bewahrt. Um den höchsten gemauerten Kirchturm des Landes drängen sich alte Gasthöfe, Bauernhäuser und Edelsitze. Bei einem Rundgang erschließt sich nach und nach, welche Rolle der Wein hier schon seit jeher gespielt hat, wenn man etwa die Geschichte des Leitnerhofes erfährt, der im Jahr 1677 vom Benediktinerstift Ettal in Bayern erworben wurde. Ob die Mönche damals des Bieres überdrüssig waren, ist nicht überliefert, aber dass sie sich die Hofabfüllung des begehrten Traminer Weines sichern wollten, sehr wohl.

›SICH REGEN BRINGT REBEN‹ lautet das Motto in dieser Region – das gilt nicht nur für den Winzer, sondern auch für den Besucher der in Nals beginnenden, sich über Bozen durch das Überetsch und das Unterland bis nach Salurn ziehenden Südtiroler Weinstraße, an der jeden Herbst ein traditioneller Umzug stattfindet.

EINEM SCHÖNEN Ausflugstag setzt die gemütliche Einkehr hier in Aldein die Krone auf: Erstmals erwähnt wurde diese gastliche Stätte im Jahr 1577. Schon damals war mit dem Eigentum am Hof »eine Behausung mit … Wirtsgerechtigkeit« verbunden.

AN DER LANDESGRENZE Alt-Tirol reichte von Kufstein bis Ala, dem kleinen Ort im Süden der Provinz Trient. Heute gibt es zwar eine Europaregion Tirol, in der die drei Landesteile Nordtirol, Südtirol und Trentino wirtschaftlich, politisch, kulturell zusammenarbeiten, aber im täglichen Leben, in den Köpfen der Menschen ist die (Süd-)Tiroler Landesgrenze die Sprachgrenze. Die Weindörfer Kurtatsch, Kurtinig und Margreid sind quasi die letzten Außenposten, bevor man dann an Salurn vorbei durch die Salurner Klause endgültig nicht mehr nur auf italienischem Staatsgebiet, sondern wirklich in Italien angekommen ist. Auch hier spielt der Wein die erste Geige, sogar bis auf eine Höhe von 1000 Metern. Am Fennberg reift ein Müller-Thurgau mit dem hochtrabenden Namen »Feldmarschall Fenner«: vielleicht der höchste Weißwein Europas, mit Sicherheit aber einer der besten. Noch etwas weiter südlich liegen Margreid und Kurtinig. Ersteres ist bekannt für seine schönen Torbögen – und für die angeblich älteste Weinrebe Südtirols: Am Augustinhaus in der Grafengasse rankt eine Rebe empor, die bereits im Jahr 1601 gepflanzt worden sein soll.

DIE ETSCH Im Mittelalter wurde die Etsch auch für den Waren- und Personentransport genutzt. Wichtigster Etschhafen war die Lände bei Branzoll. Diese Anlegestelle entwickelte sich im selben Ausmaß, in dem Bozen als Handelsstadt an Bedeutung gewann.

LABSAL FÜR LEIB UND SEELE

Vor allem Holz wurde einst auf der Etsch befördert, südwärts auf Flößen, nordwärts auf kleinen Schiffen, die von bis zu einem Dutzend Pferden gezogen wurden. Im Jahr 1913 verließ das letzte beladene Floß die Lände in Branzoll. Die erste einschneidende Veränderung im Etschtal kam dann mit der Thronbesteigung Kaiserin Maria Theresias (1740). Sie ordnete die Landreform an, und es wurden die Etschsümpfe trocken gelegt. Doch die zunehmende Besiedlung und Bewirtschaftung der Talsohle ging einher mit unkontrollierten Rodungen der Auwälder. Als Folge davon wirkten sich die Überschwemmungen immer verheerender aus. Ab dem Jahr 1950 änderte sich das Bild des Etschtales erneut. Die meisten Bauern gaben die Viehwirtschaft auf und widmeten sich dem einträglicheren Obstanbau. Die autonome Provinz Bozen gab viel Geld für Schutzmaßnahmen aus: die Dämme entlang der Etsch wurden ständig erneuert und verstärkt. Doch ganz zähmen ließ sich die Etsch nie.

HEIMAT DES BLAUBURGUNDERS Auch an der Westflanke des Etschtales breiten sich im Unterland die Weinberge terrassenförmig aus. Eine Aussichtsterrasse allerersten Ranges ist der Kultplatz Castelfeder oberhalb von Auer. Von hier erschließt sich dem Betrachter der Lauf der Etsch in beide Richtungen.
Auer entstand entlang des Pilgerweges nach Süden als ein typisches Straßendorf. Seinem Ruf als Verkehrsknotenpunkt wird es noch heute gerecht. Von hier zweigt die Straße ins Fleimstal ab; seit die Schmalspurbahn aufgelassen und zum Radweg umfunktioniert wurde, ist sie die wichtigste Verbindung in die Trentiner Dolomiten. Auf diesem Weg erreicht man die Bergdörfer Truden und Altrei im Naturpark Trudener Horn.
Der Hauptort des Unterlandes mit vielen Verwaltungsämtern ist das südlich von Auer gelegene Neumarkt. Der prägende Ortskern mit den mittelalterlichen Lauben geht auf das 13. Jahrhundert zurück. Oberhalb von Neumarkt liegen auf einer breiten Hangstufe die Weindörfer Montan, Pinzon und Mazon. Wer also glaubt, der Wein sei eine – im geografischen Sinn – einseitige Angelegenheit im Unterland, der irrt. Ein Unterschied aber besteht: Hier regiert ein schwerer Blauburgunder, und dem muss sich auch der Gewürztraminer unterordnen.

WAS HIER IN EINEM TRAMINER WEINGUT zur höchsten Reife gelangt, ist das Werk der ›Grande Dame des Weins ins Südtirol‹: Seit mehr als zwei Jahrzehnten steht der Name Elena Walch – eine gebürtige Mailänderin, von Beruf ursprünglich Architektin – für Spitzenweine aus Spitzenlagen.

AUFERSTANDEN AUS RUINEN

Am südlichen Ortseingang wird Terlan vom mächtigen Turm der Burgruine Neuhaus überragt: Erbaut wurde sie um das Jahr 1220 auf Veranlassung der Grafen Tirol. Im Volksmund wird sie auch ›Burg Maultasch‹ genannt – nach der letzten Tiroler Regentin, der Fürstin Margarethe Maultasch (1318–1369), die hier öfter Hof gehalten haben soll.

BOOTSPARTIE

»Sie will ein Fisch im Wasser sein / Im flaschengrünen, tiefen See. / Sie will mit Wasser sich besaufen / Und paar Blasen blubbern lassen / ...«: Mit diesem Liedlein Nina Hagens auf den Lippen könnte man in St. Michael zu den beiden Montiggler Seen abbiegen. Die nämlich liegen gar wunderhübsch in einem Waldgebiet des Mitterbergs und laden zum temporären Fischsein ein. Wahlweise auch zur Bootspartie – und zum »Blasen blubbern lassen« sowieso.

OBEN | BESTIARIUM IN DER KIRCHE ST. JAKOB in Kastelaz (Tramin): Die Apsis des romanischen Gotteshauses ist dreigeteilt. In der Kalotte thront Christus in der Mandorla, darunter sieht man die Apostel in stilisierten Arkadenbögen. Berühmt ist vor allem die hier im Detail zu betrachtende Sockelzone, in der Misch- und Fabelwesen skurrile Kämpfe austragen. LINKS | ABENDSTIMMUNG IN TRAMIN: Unübersehbar überragt der Turm der Pfarrkirche St. Julitta und Quiricus die umliegenden Dächer – mit 93 Metern Höhe der höchste gemauerte Kirchturm Südtirols.

SCHLOSS VELTHURNS (hier das Fürstenzimmer) wurde 1577 bis 1587 über den Ruinen einer früheren Burg der Herren von Velthurns errichtet. Im Auftrag des Brixner Kardinals Christoph III. von Madruz gestaltete Matthias Parlati diese neue fürstbischöfliche Sommerresidenz.

SCHLOSS BRUNECK im Pustertal wurde im 13. Jh. begonnen und zu Beginn des 16. Jh. durch den Fürstbischof von Brixen modernisiert.

BURG HOCHEPPAN (hier ein Fresko in der Burgkapelle) ist die Stammburg der erstmals im Jahr 1116 erwähnten Grafen von Eppan.

DIE HADERBURG wurde vom 12. bis zum 16. Jahrhundert errichtet – zunächst als Sitz der Edlen von Salurn, dann der Grafen von Tirol.

IN LUFTIGEN HÖHEN

SCHÖNER WOHNEN anno dazumal: Wer im Mittelalter auf sich hielt, hielt sich einen Ansitz, wahlweise auch ›Burg‹ oder, im noch feudaleren Maßstab, ›Schloss‹ genannt. Wirklich komfortabel waren die Wohnverhältnisse dort zwar nicht, aber zumindest behielten die Burg- und Schlossherren in ihren luftigen Gemäuern den rechten Überblick. Der hatte meist auch eine strategische Bedeutung und war entsprechend begehrt: Mehr als 80 Burgen und Schlösser gibt es allein in der Gegend rund um Eppan. Drei der schönsten davon lassen sich auf einer etwa zweistündigen Wanderung erkunden – auf der Dreiburgenwanderung bei Eppan: Ab Missian führt dieser Weg entlang von Weinbergen und Obstwiesen an den Schlössern Korb und Hocheppan vorbei weiter bis zur Burgruine Boymont. Wein, Obst und schöne Zinnen in schwindelerregender Höh' prägen diese Region auf ganz eigene Weise.

SCHLOSS JUVAL wurde um das Jahr 1278 erbaut und befindet sich seit 1983 in Reinhold Messners Privatbesitz. Heute gehört es ebenfalls zum Messner Mountain Museum (MMM). Der gebürtige Villnössner lebt dort mit seiner Familie immer noch den Sommer über.

POP ART AM SEE

Was hier an die Bildwelten des englischen Pop-Art-Künstlers David Hockney erinnert, ist das Seebad Lido am Kalterer See – mit 14 Quadratkilometern Fläche der größte natürliche See Südtirols und zugleich einer der wärmsten Alpenseen. Gestaltet wurde die im Jahr 2006 errichtete Badewelt von dem Wiener Architekturbüro ›the next ENTERprise‹, dessen Name eine Ahnung von fernen Galaxien heraufbeschwört – auch wenn das Vergnügen am See dann doch recht irdisch ist.

OBEN | NACH DEM KALTERER SEE, einem beliebten Freizeitrevier für Wassersportler, wurde auch der bekannteste Südtiroler Rotwein benannt: der »Kalterersee«. LINKS | EINE WANDERUNG durch die Bletterbachschlucht bei Aldein, den im Jahr 2009 mit den Dolomiten zum UNESCO-Welterbe erhobenen ›Südtiroler Grand Canyon‹, gleicht einer Zeitreise ins Erdaltertum. Rund 285 Millionen Jahre alt sind die ältesten der von der Wasserkraft des Bletterbachs wieder freigelegten Gesteinsschichten, die hier bestaunt werden können.

SÜDTIROLER WEINE

KLEINES LAND, GROSSER GENUSS

RUDI KOFLER ist Kellermeister in der renommierten Kellerei Terlan (links ein Blick auf die gleichnamige Gemeinde). Seine Eindrücke von den Weinproben notiert Kofler sich auf handgeschriebenen Zetteln, die er auf die Flaschenhälse stecken kann.

SÜDTIROL BRAUCHT sich nicht zu verstecken, wenn auf der größten italienischen Weinmesse »Vinitaly« in Verona die Konkurrenz Punkte macht. Jahr für Jahr heimsen auch Südtiroler Weine und Produzenten Preise ein.

DAS SÜDLICHE TIROL gilt als das älteste Weinbaugebiet im deutschen Sprachraum. Archäologische Funde belegen, dass hier bereits im Jahr 500 v. Chr. Wein angebaut wurde. Heute ist die Rebsorte Vernatsch mit etwa 1900 Hektar Anbaufläche (38 Prozent) am weitesten verbreitet. Sie ist die Mutter mehrerer ›Qualitätsweine eines bestimmten Anbaugebietes‹ (abgekürzt DOC für ›denominazione di origine controllata‹): Südtiroler Grauvernatsch, Kalterersee Auslese, Meraner und St. Magdalener. Die fruchtig-frischen Vernatsch-Weine eignen sich für Fleisch- und Fischgerichte. Den klassischen Blauburgunder erkennt man an seiner dunkelrubin- oder purpurroten Farbe. Der samtig-weiche Blauburgunder ist ebenfalls ein angenehmer Essensbegleiter. Bei den drei dunkelroten ›Kraftprotzen‹ Lagrein, Merlot und Cabernet hingegen sollte man gleichwertige Speisen wählen. Ganz nach dem Motto: Kräftige Weine verlangen ein kräftiges Essen. Bei den Weißweinen zählen der Südtiroler Weißburgunder (Pinot bianco), der Chardonnay, Sauvignon, Eisacktaler Sylvaner, Gewürztraminer und Ruländer (Pinot grigio) zu den wichtigsten. Der Sauvignon verlangt nach geschmacksintensiven Speisen. Der Gewürztraminer eignet sich zu Vorspeisen, wird aber oft auch als Dessertwein kredenzt. Zwei Einzelgänger kennt das Südtiroler Weinsortiment auch, einen Rosé-Wein – den Südtiroler Lagrein Kretzer – und einen Dessertwein. Letzterer ist eine Ausnahmeerscheinung: Die Trauben werden eingetrocknet und dann erst gepresst. Hellrubinrot bis Kupfer getönt ist die Farbe, das Bukett erinnert an Rosen.

DAS EISACKTAL ZWISCHEN BRIXEN UND BOZEN ist die Weißweinregion Südtirols. 97 Prozent der Anbaufläche sind weiße Rebsorten: Sylvaner, Müller-Thurgau, Veltliner, Gewürztraminer, Kerner, Ruländer, Riesling. Den Ruhm von Bozen als Weinstadt begründen die autochthonen Rotweine, der Lagrein und der St. Magdalener. Dazu kommt noch der Bozner Leiten, ein leichter, süffiger Vernatsch. Im Überetsch liegen die zwei größten Weinbaugemeinden des Landes, Eppan und Kaltern. Die Vielfalt der hier erzeugten Weine ist kaum zu überbieten. Das gilt auch für das Unterland, wo sich zwischen Tramin, Salurn und Neumarkt mehr als ein Drittel der Südtiroler Anbaufläche befindet. Tonangebend sind Gewürztraminer, Ruländer, Chardonnay bei den weißen Rebsorten, Blauburgunder, Cabernet und Merlot bei den roten. Das mittlere Etschtal im ›Terlaner Becken‹ ist ein Weißweinzentrum mit dem Weißburgunder und Terlaner Sauvignon an der Spitze. Allerdings genügen auch zwei schwere Rote höchsten Ansprüchen: ein Cabernet (Nals) und ein Merlot (Siebeneich). In Meran und Umgebung wird vor allem der Südtiroler Meraner mit den verschiedenen Spielarten der Vernatschrebe angebaut. Unter der DOC-Bezeichnung ›Vinschgau‹ werden mehrheitlich Weißweine geführt, vor allem Weißburgunder und Müller-Thurgau, aber auch die alte Rebsorte Fraueler wird angebaut.

GLEICHKLANG von Weinvision und Architektur: Mit dem Bau eines neuen Kellers unter dem Weinberg expandierte das Weingut Manincor in Kaltern auf ökologisch behutsame Weise.

Merano Wine Festival & Culinaria
Elitär, sehr teuer, aber für Weinliebhaber ein Erlebnis ist das immer in der ersten Novemberhälfte in Meran stattfindende Merano WineFestival & Culinaria. Im vornehmen Meraner Kurhaus haben Besucher die Möglichkeit, eine Auswahl der besten italienischen und internationalen Weine zu verkosten. In großen Zelten auf der sich in eine Genussmeile verwandelnden Kurpromenade reihen sich italienische Delikatessen und Nischenprodukte.
Internet: www.meranowinefestival.com

PUSTERTAL

»Ah, Pustertal! Vier Monate Winter und acht Monate kalt«: Von einem solchen Satz sollte man sich keinesfalls beeindrucken lassen, sondern es lieber wie einst Hugo von Hofmannsthal machen. Der wollte in Welsberg, wo Arthur und Olga Schnitzer Quartier genommen hatten, nur übernachten – und blieb dann gleich zehn Tage. Oder wie Gustav Mahler: Der Komponist verbrachte drei kreative Sommer in Toblach. Aus dem Pustertal geflohen sind nur die Hutterer. Aber das ist lange her und hatte andere Gründe.

MÜHLE IM PUSTERTAL: »Bin überschwemmt von Einfällen, sehr glücklich und zufrieden«, schrieb Hugo von Hofmannsthal über seinen Aufenthalt in dieser Idylle, wo ihn eine »fast quälende Lust, sowohl zu schreiben als Künftiges zu notieren« befiel.

IM WASSER DES PRAGSER WILDSEES spiegelt sich der an seinem Südufer gelegene, 2810 Meter hohe Seekofel. See und Berg gehören zum Naturpark Fanes-Sennes-Prags, der im Jahr 2009 mit den Dolomiten zu einem Welterbe der UNESCO erklärt wurde.

GRÜNES TAL VOR BLEICHEN BERGEN

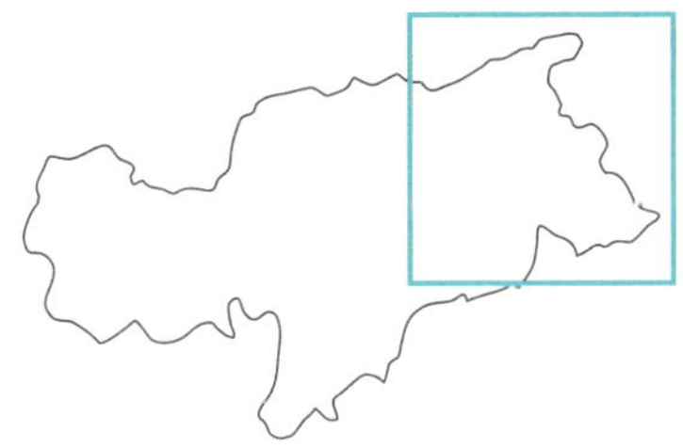

Den Beinamen ›grünes Tal‹ hat das Pustertal wegen seines dichten Waldbestandes. Und da im Winter die Quecksilbersäule mitunter arg in den Keller rutscht, muss es sich auch noch die Bezeichnung ›Sibirien Südtirols‹ gefallen lassen. Doch zur Ehrenrettung Toblachs sei gesagt: Kalt ist es zu Jahresbeginn in Mitteleuropa an vielen Orten … Und genau an so einem eisigen Januar- oder Februarwochenende pilgern jedes Jahr deutsche Gäste mit schwarz-rot-goldenen Fahnen bewaffnet zu Tausenden ins Antholzer Tal. Sie veranstalten einen Höllenlärm und haben guten Grund dazu: Das sind nämlich Biathlon-Fans, und Antholz ist als Weltcupstation jedes Jahr eine sichere Bank. Wenn also das Wetter wieder einmal den Rennkalender durcheinanderbringt – auf Antholz ist Verlass: bestens präparierte Loipen und ein blauer Himmel über der Rieserfernergruppe. Manchmal möchte man fast zweifeln, was die deutschen Fans zur Raserei bringt: Sind es die Erfolge ihrer laufstarken, treffsicheren Lieblinge oder ist es die imposante Kulisse? Vermutlich beides: Ein bisschen Kati Wilhelm und Magdalena Neuner, ein bisschen Antholz.

SCHARF GESCHOSSEN wurde im Pustertal auch auf der gegenüberliegenden Talseite. Das war im Ersten Weltkrieg. Die Front verlief auf rund 2000 Metern Höhe quer durch die Dolomiten. Die feindlichen Stellungen der österreichischen Kaiserjäger und Tiroler Standschützen auf der einen und der italienischen Gebirgstruppen auf der anderen Seite waren an manchen Stellen keine zwanzig, dreißig Meter voneinander entfernt. Beide hatten zudem einen gemeinsamen Feind: Schnee, Eis und Kälte. So starben weitaus mehr Soldaten unter Lawinen oder den Kältetod als bei Kampfhandlungen. Zwei Jahre lang tobten hier die Kämpfe, im Herbst 1917

BLÜTENKRANZ SCHMÜCKT HEUT' DEIN HAAR ...

gaben die Italiener die Dolomitenfront preis. Wer heute von Sexten aus in Richtung Rotwandwiesen, Drei Zinnen oder zum Gipfel des Paternkofel aufbricht, der braucht nur wenig Fantasie, um sich die Tragödien vor Augen zu halten, die sich hier vor beinahe hundert Jahren abgespielt haben. Noch immer findet man Kriegsrelikte, und so manche Wanderroute ist identisch mit den ehemaligen Kriegsschauplätzen.

DAS HOCHPUSTERTAL trennt Süd- von Osttirol. Hier ist die Wasserscheide. Während die Rienz nach Westen fließt, dem Eisack entgegen, verabschiedet sich die Drau ostwärts. Eine spürbare Grenze gibt es – wie am Brenner und Reschen – auch in Winnebach keine mehr. Man fährt nach Lienz wie nach Cortina – jenem mondänen Wintersportort in der Provinz Belluno, dessen Bürger es neidvoll nach Südtirol zieht: In einer Volksbefragung sprachen sich die Cortineser mit klarer Mehrheit dafür aus, der Provinz Bozen einverleibt zu werden. Aber eine Neufestlegung der Landesgrenzen würde Rom mit komplizierten Verfahren konfrontieren; vor allem fürchtet man den Nachahmungseffekt. So bleibt wohl alles beim Alten.

HERR MAHLER UND DAS LIED DER ERDE Ebendort, in Alt-Schluderbach unweit der Rienzquelle, stieg im Jahr 1908 erstmals ein Kurgast ab, der bis heute in Ehren gehalten wird: Gustav Mahler hielt sich im Trenkerhof auf, kehrte in den Jahren 1909 und 1910 wieder und arbeitete hier unter anderem an seiner (unvollendet gebliebenen) Zehnten Sinfonie und an seinem groß(artig)en sinfonischen Liederzyklus »Das Lied von der Erde«. Beim Komponieren wollte er ungestört sein. Deshalb ließ er sich ein Holzhaus im Wald errichten. Heute ist das ›Komponierhäuschen‹ im Wildpark gemeinsam mit dem Toblacher Grand Hotel jährlicher Schauplatz der nach Mahler benannten Musikwochen.

BERÜHMTE SOMMERFRISCHLER waren zudem Hugo von Hofmannsthal und Arthur Schnitzler in Welsberg, während im nahen Prags und Niederdorf die berühmteste Person nicht ein Gast, sondern die Gastwirtin war, Emerentia Hellenstainer (1817–1904) aus St. Johann in Tirol. Wenn das Pustertal bereits gegen Ende des 19. Jahrhunderts so etwas wie eine touristische Blütezeit erlebte, dann war das ihr Verdienst: Die resolute Köchin lernte in Salzburg den Postmeister

OBEN | ›DOM VON INNICHEN‹ wird die Stiftskirche St. Candidus und Korbinian im Zentrum des Ortes auch genannt. Bedeutendster kunsthistorischer Schatz sind die um das Jahr 1280 entstandenen, leider schon etwas verblassten Fresken in der Kuppel über der Vierung. Dargestellt findet man hier in sieben Phasen die Schöpfungsgeschichte und die Vertreibung aus dem Paradies. UNTEN | ›Weißer Sonntag‹ (lat. Dominica in albis) nennt man den ersten Sonntag nach Ostern, an dem in der katholischen Kirche traditionell die Erstkommunion der Kinder gefeiert wird.

DASS DIE DREI ZINNEN in Wahrheit mehr sind als ›drei‹: Wen kümmert das angesichts eines Bergpanoramas, das so unvergleichlich schön ist wie kaum ein anderes auf der Welt?

Josef Hellenstainer kennen und folgte ihm nach Niederdorf. Ihr Ruf war so legendär, dass die Anschrift »Frau Emma in Europa, Autriche« genügte, damit die Post ihr einen Brief aus den USA zustellte.

DAS GRANDHOTEL am Pragser Wildsee entwickelte sich nach und nach zu einem Treffpunkt der vornehmen Gesellschaft. In hohem Alter regte sie schließlich auch noch den Bau des Grandhotel Emma in Meran an. Dessen Fertigstellung erlebte Emma Hellenstainer allerdings nicht mehr. Ihre fünf Kinder traten fast alle in die Fußstapfen der Mutter, der Kaiser Franz Joseph im Jahr 1899 in Welsberg höchstpersönlich das Goldene Verdienstkreuz überreichte.

VON BRUNECK INS AHRNTAL Auf der Höhe von Bruneck hat sich die Rienz vom Wildbach zum ansehnlichen Fluss gemausert, der für die Stromgewinnung im Tal eine wichtige Rolle spielt. Von dem Hauptort Bruneck sieht der eilige Reisende in der Regel so gut wie nichts, denn die Zeiten, in denen sich der Transitverkehr noch durch die Kleinstadt quälte, sind inzwischen längst vorbei. Die Umfahrung verläuft großteils in einem Tunnel südlich der Stadt. Natürlich haben es die Gäste meistens eilig, weil sie zum Skifahren auf den Kronplatz wollen, zum Langlaufen ins Antholzer- oder Gsiesertal oder zum Wandern und Klettern in die Dolomiten. Aber es wäre trotzdem ein Fehler, sich für Bruneck keine Zeit zu nehmen.

KUNST UND KULTUR Wer die Geschichte der Rienzstadt erforscht, wird sich darüber wundern, dass es Bruneck heute überhaupt noch gibt: In den vergangenen 700 Jahren überstand die Stadt vier Überschwemmungen, eine Heuschreckenplage, mehrere Brandkatastrophen, die Pest und sieben Erdbeben. Trotzdem haben sich die Brunecker nicht unterkriegen lassen. Und so kann sich die Heimat des wohl bedeutendsten Tiroler Künstlers der Spätgotik – des Bildschnitzers und Malers Michael Pacher, der vor allem mit seinen Flügelaltären im deutschen und norditalienischen Raum Kunstgeschichte geschrieben hat – durchaus sehen lassen.

Die erst im Jahr 2008 fertiggestellte Nordwestumfahrung hat Bruneck auch vom Verkehr ins Tauferer Ahrntal befreit. Dessen letzte Siedlung – Kasern – liegt auf rund 1600 Metern Höhe. Die Straße endet etwa 15 Kilometer hinter Steinhaus bei der Knappenkapelle Heilig Geist. Wer bis hierher gekommen ist, der hat längst erkannt, dass nicht die Landwirtschaft, sondern der Bergbau das Tal und seine Menschen geprägt hat. Fast 500 Jahre lang wurde hier Kupfer abgebaut. Die Siedlung Steinhaus bekam ihren Namen von den gemauerten Unterkünften für die Knappen. Im Haus Kornkasten in Steinhaus wurden zur Blütezeit des Kupfergeschäftes rund 300 Bergwerksleute versorgt. In Steinhaus (Kornkasten) und Prettau (Schaustollen) hat man diese Geschichte für Besucher anschaulich aufbereitet.

SUPERBIKE FÜR SUPERBIKER: Beim härtesten Rennen in den Dolomiten haben nur die besten Bikerinnen und Biker eine Chance auf den Sieg. »Dolomiti Superbike« heißt das alljährlich im Juli stattfindende Event, bei dem die Fahrer 3357 Höhenmeter überwinden.

OBEN | AM TOBLACHER SEE spürt man die Poesie des Landes: »Berggipfel ringsum, / Waldgrün, Herdenglockenklang, / Himmel, Luft, Sonne« (Alfred Gruber) UNTEN | AUF DER ASTALM im Pustertal macht man Rast mit Blumen – und sagt's mit Blumen. Oder mit Heinrich Heine: »Es lehnt sich mein Herz mit mir hinaus.« RECHTS | DAS SÜDTIROLER LANDESMUSEUM für Volkskunde in Dietenheim/Bruneck gehört zu den schönsten Freilichtmuseen Europas und bietet neben einer sehr guten Dokumentation des bäuerlichen Alltags auch einen historischen Einblick in das soziale Gefüge des Landes.

CAMP

DURCHBLICK

Der Weg ist das Ziel: Unterwegs zum 2744 Meter hohen Paternkofel hat man einen der schönsten Blicke auf die Drei Zinnen. Und so manchem mag dabei ein Spruch von Hans Kammerlander durch den Kopf gehen, der gesagt haben soll: »Ein Gipfel gehört dir erst, wenn du wieder unten bist – vorher gehörst du ihm.«

HOME STORE

OBEN | KNAPP 65 PROZENT der Landesfläche Südtirols (7400 Quadratkilometer) liegen auf über 1500 Metern Höhe, etwas mehr als ein Drittel davon (2200 Quadratkilometer) wird noch landwirtschaftlich genutzt so auch von der Bäuerin am Hittaler Hof. LINKS | DIE ZENTRALE STADTGASSE des im 13. Jahrhundert gegründeten Orts Bruneck – Hauptachse des im Westen mit dem Ursulinentor, im Norden mit dem Floranitor abschließenden historischen Kerns – lädt als Fußgängerzone zum Flanieren ein. Gesäumt wird sie von schönen gotischen Bürgerhäusern.

UNSER TÄGLICH BROT

Beim traditionellen Brotbacken im Steinbackofen (hier auf dem Hittaler Hof) betört der Duft der frischen Fladen. Berühmte Südtiroler Brotsorten sind das Schüttelbrot, bei dem der Teig vor dem Backen durch Schütteln gelockert und in die charakteristische dünne Fladenform gebracht wird, und die nicht ganz so dünnen, meist paarweise zusammenhängend gebackenen ›Vinschgerln‹ (oder ›Vinschgauer‹).

UNESCO-WELTERBE DOLOMITEN

NATURSCHUTZ IN ZEITEN DES WELTERBESTATUS

DASS DIE DOLOMITEN geschützt werden müssen, belegt am eindrucksvollsten ihr Status als UNESCO-Welterbe: und zwar im Großen wie im Kleinen (oben ein Edelweiß auf der Marmolada, dem mit 3343 Metern Höhe höchsten Berg der Dolomiten, links die zur Geislergruppe gehörenden Fermedatürme).

SEIT DEM 26. JUNI 2009 ist es amtlich: Die Dolomiten sind gemäß der Internationalen Konvention zum Schutz des Kultur- und Naturerbes der Welt »von außergewöhnlicher, universeller Bedeutung«, ihre Bewahrung liegt »in der Verantwortung der ganzen Menschheit«. Fragt sich nur, wie man dieser Verantwortung gerecht werden will. Dabei könnte es hilfreich sein, sich zunächst lieber nicht auf die Menschheit als Ganzes zu verlassen, sondern erst mal vor Ort damit anzufangen: in Südtirol zum Beispiel, wo die Naturparks Drei Zinnen, Fanes-Sennes-Prags, Puez-Geisler, Schlern-Rosengarten mit dem Gebirgsstock Latemar und die Bletterbachschlucht den größten Teil des knapp 142 000 Hektar umfassenden Welterbes ausmachen.

INSGESAMT WURDEN NEUN REGIONEN in fünf verschiedenen Provinzen von der UNESCO ausgezeichnet – neben Südtirol noch Trentino, Belluno, Udine und Pordenone. Über die besondere Schutzwürdigkeit des

Gebiets war man sich vor Ort schon lange im Klaren – bereits zwölf Jahre vor der Ernennung, 1997 hatte man einen ersten Vorstoß in Richtung Eintragung der Dolomiten in die Welterbeliste unternommen. Im September 2005 erreichte der erste formelle Antrag das Welterbesekretariat in Paris, 2006 schickte die UNESCO einen Experten in die vorgeschlagenen Gebiete, um den Antrag inhaltlich zu prüfen, 2008 kam es zu einer Expertenbegehung in allen vorgeschlagenen Gebieten, die ein positives Gutachten zur Folge hatte, auf dessen Grundlage sich die Mitglieder des Welterbekomitees bei ihrem Treffen am 26. Juni 2009 in Sevilla einstimmig für die Eintragung in die Welterbeliste entschieden.

WEM NUTZT DER SCHUTZ? Paradoxerweise bedeutet die einem »Nobelpreis für Naturgüter« gleichkommende Auszeichnung auch eine enorme ökologische Belastung: Mit wachsendem Interesse der Weltöffentlichkeit müssen neue Mittel und Wege gefunden werden, um steigende Besucherzahlen und den Naturschutz unter einen Hut zu bringen. Schließlich ist das Welterbe-Label nicht nur ein großer Wurf für Naturschützer, sondern auch eine Steilvorlage für Marketingfachleute: »Es gibt jene, die mit dem Weltnaturerbe-Prädikat nur die Hoffnung auf zusätzliche Touristen verbinden, und jene, die dies fürchten«, bringt der Südtiroler Landesrat Michl Laimer die divergierenden Sichtweisen auf den Punkt. Dieser Problematik ist man sich aber auch bei der UNESCO bewusst. Zu deren Auflagen gehört deshalb der Entwurf einer Strategie für die nachhaltige touristische Entwicklung der Regionen. Für einen Ausgleich widerstreitender Interessen soll die im Mai 2010 gegründete Stiftung (»Dolomiti – Dolomiten – Dolomites – Dolomitis UNESCO«) sorgen, deren Verwaltungsrat sich aus den zuständigen Landesräten der fünf Provinzen zusammensetzt. Der Vorsitz wechselt im dreijährigen Turnus in alphabetischer Reihenfolge – was eine salomonische Lösung und als solche keine schlechte Voraussetzung für die Arbeit der Stiftung ist. Es gibt nämlich noch viel zu tun, in Südtirol wie in den übrigen Provinzen – und darüber, was in Zukunft geschieht, wachen nun die Augen der ganzen Welt.

KANN DENN KLETTERN Sünde sein? Das vielleicht nicht, aber der ökologischen Herausforderung, die mit der Auszeichnung der UNESCO verbunden ist, gilt es gerecht zu werden – auch beim Aufstieg von der Dreizinnenhütte zum 2744 Meter hohen Paternkofel. Dabei kommt man an einem schlanken Felszapfen vorbei, der ›Frankfurter Würstel‹ genannt wird.

Buchtipp & Hintergrundinformationen
»Dolomiten. Weltnaturerbe« haben Reinhold Messner, Ursula Demeter und Georg Tappeiner ihr 2010 in München publiziertes Werk genannt – ein so umfangreiches wie informatives Kompendium alles Wissenswerten zu diesem Thema. Mit den überaus stimmungsvollen Fotos von Georg Tappeiner wurde daraus eine prachtvoll gestaltete, bibliophile Liebeserklärung an die Dolomiten.
Das Thema im Internet: www.dolomiti-unesco.org/

ROSSIGNOL
ROSSIGNOL

LADINIEN UND SCHLERNGEBIET

Wer eine Alm besucht, der erwartet dort meistens eine Holzhütte hinter einer Wiese, ein paar Kühe und etwas Wald drumherum. Europas größte Hochalm kann mit all dem dienen. Angesichts einer Fläche von knapp 60 Quadratkilometern und den markantesten Bergen des Landes als Kulisse bietet die Seiser Alm aber noch einiges mehr als nur die Grundausstattung. Eng verknüpft ist die Alm zudem mit dem Grödner- und mit dem Gadertal, Heimat der kleinsten und ältesten Sprachminderheit im Lande: den Ladinern.

EIN SKIGEBIET DER SUPERLATIVE: Die Sellaronda ist das längste zusammenhängende Skikarussell der Welt, in der Hauptsaison haben oft bis zu 15 000 Menschen das gleiche Ziel – den Sellastock zu umrunden.

MIT COLFUSCH gehört Corvara zu den touristischen Hochburgen der Region. Kein Wunder: Hoch über den Bergen prunkt das Himmelszelt, zu Füßen sprießen im Frühjahr die Blumen, und idyllische Flecken wie hier gibt es in dieser Gegend zuhauf.

AUF DER ALM UND IN DER HÖH'

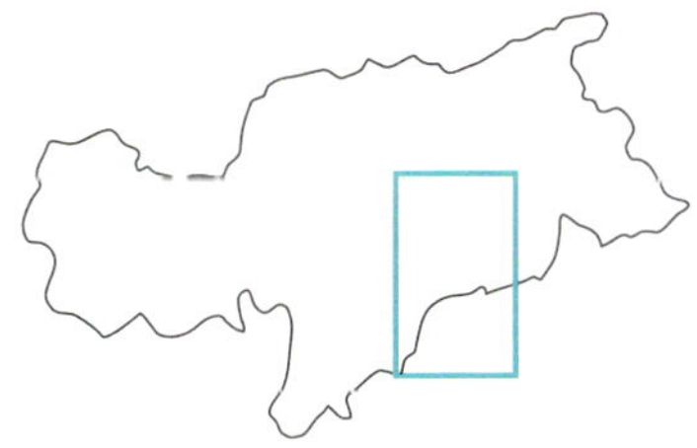

Wer hofft, im Internet unter dem Stichwort ›Ladiner‹ Informationen über diese Sprachminderheit Südtirols zu erhalten, der wird zunächst einmal enttäuscht. Statt der gewünschten Auskunft blicken ihm zwei gestandene Mannsbilder treuherzig entgegen – das Volksmusikduo ›Die Ladiner‹, seit seinem Sieg beim Schlagerwettbewerb ›Grand Prix der Volksmusik‹ fast so berühmt wie die Kastelruther Spatzen. Warum gerade hier, zwischen Schlern und Sellastock, die Herz-Schmerz-Melodien so erfolgreich triefen, bleibt eines der vielen Rätsel dieser Gegend. Wenn im Oktober das dreitägige Spatzenfest in Kastelruth bevorsteht, sind im gesamten Schlerngebiet freie Zimmer rar. Und Damenfriseure haben an diesen Tagen Hochkonjunktur. Das hat allerdings weniger mit den Ladinern zu tun als vielmehr mit dem Spatzensänger Norbert Rier: Ihm fliegen die Herzen vieler weiblicher Fans zu.

LADINER UND RÄTOROMANEN Die ladinische Sprachminderheit in den Dolomiten wird vom italienischen Staat offiziell als solche anerkannt. Die Ladiner in Gröden und im Gadertal werden mit rund 30 000 angegeben. Ladinisches Sprachgebiet erstreckt sich aber auch südlich des Sellastocks in der Provinz Trient. Wer glaubt, Ladiner ist gleich Ladiner, der irrt. In jedem Tal wird ein anderes Idiom gesprochen, jedes Tal hat seine kulturelle Eigenart. Grödner und Gadertaler verstehen sich zwar, aber auf eine gemeinsame offizielle ladinische Sprache geeinigt haben sie sich noch nicht. Keine Diskussion gibt es dagegen hinsichtlich der Entstehungsgeschichte: Das Ladinische oder Rätoromanische, wie es im Schweizer Kanton Graubünden gesprochen wird, ist eine romanische Sprache, die in den Dolomiten, im Engadin und im Friaul erhalten blieb. Diese Sprachinseln sind Überbleibsel eines ehemals durchgehenden Sprachgürtels, der von der Donau bis zum Gardasee und vom Gotthardpass bis Triest reichte.

SÜDTIROLS BERGPROMINENZ Das Feriengebiet zwischen Völs, Seis und Kastelruth erreicht man bequem in etwa einer halben Stunde von Bozen aus und die eigentliche Alm mit der Umlaufbahn oder dem Busdienst. Oben angekommen, türmt sich alles vor einem auf, was Südtirol an Bergprominenz zu bieten hat: das Wahrzeichen Grödens, die Langkofelgruppe (3181 Meter) im Osten, der sagenumwobene Rosengarten (3002 Meter) im Süden und im Westen der Schlern (2461 Meter), der wuchtige Südtiroler Hausberg. Im Winter versinkt die wellige Hochfläche im Schnee, und mit ihr versinken die für die Alm typischen Sennhütten. Dann gehört das Gebiet den Wintersportlern, vor allem den Langläufern. Im Sommer hingegen zeigt sich die Hochalm nicht nur als grüne Wiese, sondern entfaltet ihre Blumenpracht. Die Wanderer gehen der Frage nach, ob es die Schlernhexen tatsächlich gegeben hat, oder ob sie nicht doch eine Erfindung der Souvenirverkäufer sind. Darüber sinnierend marschiert man zu den Hexenbänken nach Puflatsch (2178 Meter), zwei Felsgebilden unbekannten Ursprungs. Wer einen anderen hohen Aussichtspunkt anpeilt, der mit wenig Anstrengung verbunden ist, wählt den Monte Piz (2005 Meter). Von Gröden führt eine Seilbahn hinauf. Viele begnügen sich auch einfach damit, ein Stück

ALS ›ZIRBE‹ bezeichnete man ursprünglich die Zapfen der Zirbelkiefer: ›Zirbel‹ geht auf das mittelhochdeutsche Wort ›zirben‹ zurück, das sinngemäß ›wirbeln‹, ›sich im Kreis drehen‹ bedeutet. Besonders begehrt ist das Holz dieses bis zu 1000 Jahre alt werdenden Baums für Schnitzereien oder zur Anfertigung von Dachschindeln.

GRÖDNER HOLZSCHNITZER sind bis weit über die Landesgrenzen hinaus bekannt. Nur wenige aber haben ihr Handwerk zu einer solchen Blüte entwickelt wie hier der 1924 in St. Ulrich geborene Adolf Vallazza, unter dessen Händen sich die alte Tradition der Herrgottschnitzerei zu einer völlig neuen Kunstform entwickelte.

Natur mehr oder weniger für sich allein zu haben: eine Hütte, die hier ›Schwaige‹ heißt, ein paar der insgesamt 2000 Kühe, die im Sommer hier weiden, und Wald drumherum.

TOUR ODER TORTUR? Karerpass, Pordoijoch, Campolongopass, Grödner Joch – immer wieder hinauf und folglich auch wieder hinunter ins Tal: Die von Busunternehmen angepriesene »Große Dolomitentour« kann auch zur Tortur werden, wenn jemand das Autofahren auf kurvigen Passstraßen nicht verträgt. Sonst aber ist das Auf und Ab rund um den Sellastock eine attraktive Möglichkeit, Ladinien zu begreifen. Wie ein Turmwächter steht mittendrin der Sellastock, so als müsste er darauf achten, dass die ladinischen Täler sich nicht zu nahe kommen. Jeden letzten Sonntag im Juni findet das Volksradfahren »Maratona dles Dolomites« statt. Dann strampeln zwischen 15000 und 20000 Radler die Pässe hinauf, und Millionen sehen zu. Denn die Maratona – obwohl kein Wettkampf – wird im staatlichen Fernsehen RAI sechs Stunden lang ununterbrochen übertragen. Das bedeutet sechs Stunden grandiose Landschaftsaufnahmen, großteils aus der Luft gefilmt – eine unbezahlbare Werbung für Südtirol, vor allem für Ladinien.

HINTER DEN SIEBEN BERGEN Den Wert guter Werbung erkannten die Grödner sehr schnell. Jahrhundertelang mussten sie tatenlos zusehen, wie die deutschen Kaiser durch

TOURENABFAHRT durch das schöne Val de Mesdi: Für den Aufstieg durch das anfangs breite, ab 2600 Metern Höhe deutlich enger werdende ›Mittagstal‹ (Val de Mesdi) sollte man Steigeisen und Pickel mit sich führen. Die Abfahrt vor dem überwältigend schönen Bergpanorama lohnt jede Anstrengung.

das Eisacktal und über den Ritten nach Süden zogen, ohne von Ladinien auch nur Notiz zu nehmen. Das wäre beim besten Willen auch nicht möglich gewesen, denn die Täler lagen versteckt und so gut wie unzugänglich hinter den sprichwörtlichen sieben Bergen. Als dann ab Mitte der 1960er-Jahre Millionen deutsche Touristen ebenfalls gen Süden aufbrachen, hatten die Grödner vorgesorgt: Schon hundert Jahre zuvor bauten sie eine Straße ins Tal, noch einmal 100 Jahre früher begannen sie, ihre aus dem Holz der Zirbelkiefer geschnitzten Heiligenfiguren in alle Welt zu exportieren. Später erfand sich dann mit dem Fernsehen auch der in St. Ulrich geborene Bergfex Luis Trenker neu und erzählte Geschichten über seine schöne Heimat.

Im Jahr 1970 wurde schließlich die Alpine Ski-Weltmeisterschaft ins Tal geholt: Das war sozusagen der Ritterschlag für Gröden als Wintersportort. Wem Kitzbühel zu abgehoben und St. Moritz zu teuer war, der hatte nun eine ideale Alternative.

ABSEITS DER GLITZERWELT Skizirkus und Après-Ski-Glitzerwelt endeten am Grödner Joch. Dahinter war lange Zeit Ruhe. Doch inzwischen haben die ladinischen Nachbarn aufgeholt und sich ihren Teil vom Kuchen erobert. Wenn Gröden am Samstag im Banne der Ski-Weltcupabfahrt steht, dann feiert Alta Badia am Tag darauf den Riesentorlauf. Die berühmte Sellaronda ist eine gesamtladinische Angelegenheit. Aber man weiß heute, dass es kein Nachteil war, die Entwicklung nicht ganz so rasant in Kauf genommen zu haben wie die Nachbarn. Natürlich stehen auch in Corvara und Kolfuschg moderne Hotelanlagen, gibt es auf den Hängen rundherum nicht wenige Schneekanonen und treibt die Eventkultur manchmal seltsame Blüten. Und doch blieb auch noch Platz für stille Winkel. Das Gadertal hat sich Natur und Naturdenkmäler bewahrt: die Viles (Weiler) etwa, die alten Mühlen am Seresbach, die Armentarawiesen (einzigartige Bergmähder unterm Kreuzkofel im Naturpark Fanes-Sennes-Prags). Und vielleicht ist es kein Zufall, dass auch das ladinische Kulturinstitut hier angesiedelt ist, in St. Martin in Thurn, wo die Geschichte der Ladiner dokumentiert wird.

MIT HUBERT VON GOISERN AUF EUROPA-TOUR Zur Ehrenrettung der Grödner muss man auf die unterschiedliche Topographie dieser beiden Täler hinweisen: Hier das recht enge Gröden mit seinen drei geschlossenen Ortschaften St. Ulrich, Wolkenstein und St. Christina, dort das Gadertal mit seinen vielen Seitentälern und Siedlungen, die genügend Rückzugsorte bieten. In einem solchen Ort fand Hubert von Goisern seine Chorsängerinnen Marlene und Elisabeth Schuen sowie Maria Moling, die 2011 unter dem Gruppennamen ›Ganes‹ ihre zweite eigene (Doppel-)CD veröffentlicht haben, für seine ›Linz Europa Tour 2007–2009‹, während auf der anderen Seite des Jochs und ein Stückchen weiter Tausende im Spatzenfieber schwelgten.

WOHLIG WARM ist es in dieser Skihütte in St. Kassian – einer der fünf Gemeinden des Gadertals, in dem die Ortsnamen nicht nur wie sonst in Südtirol üblich auf italienisch und deutsch, sondern auch auf ladinisch angegeben werden.

LAURINS REICH

Die senkrechten Felsen der Rosengarten- und der Latemargruppe, die sich hier über einem Golfplatz erheben, sind das Reich von König Laurin, der einst über ein großes Zwergenvolk geherrscht haben soll. Mit Tarnkappe und Zaubergürtel ausgestattet, fehlte ihm nur noch die Liebe zum Glück. Da man die Liebe aber auch im Märchen nicht erzwingen kann, belegte er seinen Rosengarten schließlich mit einem Fluch: Niemand sollte diesen noch erblicken, ob bei Tag oder bei Nacht. Nur die Dämmerung vergaß er bei seinem Fluch – weshalb hier morgens und abends der graue Fels rot erglüht.

BERGVAGABUNDEN

Bergerfahrung und Trittsicherheit werden vorausgesetzt, wenn man wie diese Kletterer hier an den imposanten Westabstürzen der Rosengartenspitze entlanggeht. Sie ist zwar nur der zweithöchste Gipfel der Rosengartengruppe (2981 Meter), aber der mit 3004 Metern höhere Kesselkogel kann ihr in Sachen Prominenz nicht das Wasser reichen.

OBEN | IM LADINISCHEN LANDESMUSEUM erfährt man Wissenswertes zur Kulturgeschichte der Ladiner, der ältesten Sprachgruppe Südtirols. Dazu gehören auch die traditionellen Holzpuppen der Grödner Spielzeugindustrie. Untergebracht ist das Museum in der gut erhaltenen mittelalterlichen Burg Thurn oberhalb von St. Martin in Thurn im Gadertal. LINKS | MIT 52 QUADRATKILOMETERN Fläche ist die größtenteils zum Gemeindegebiet von Kastelruth gehörende Seiser Alm (hier mit Blick vom Puflatsch auf den Schlern) die größte Hochalm Europas.

AUSDRUCK TIEFER FRÖMMIGKEIT sind auch die zahlreichen Prozessionen in Südtirol – hier eine Fronleichnamsprozession in Durnholz, einem kleinen, 1558 Meter hoch gelegenen Bergdorf am Ende des Durnholzer Tals.

SINNBILD EINER FRONLEICHNAMSPROZESSION ist das wandernde Gottesvolk, das die geweihte Hostie in einer Monstranz mit sich führt.

DAS KLOSTER als Ort der Ruhe und der Kraft – das ist hier in der Benediktinerabtei Marienberg nicht anders als in einem Kloster im Himalaya.

ORA ET LABORA: Zum Alltag des Klosterlebens gehört oft auch eine Imkerei. Nur noch zwölf Mitglieder leben heute in dem Konvent in Marienberg.

GLAUBE UND ALLTAG

»GLAUBE IST DER VOGEL, der schon singt, wenn die Nacht noch dunkel ist«. Mit diesem Spruch können Buddhisten im Himalaya ebenso viel anfangen wie Süditroler Christen. Was vielleicht kein Zufall ist: Hier wie dort ist es vor allem die Bergwelt, die die Religion der Menschen prägt, so unterschiedlich die Glaubensvorstellungen im Einzelnen auch sein mögen. So bekennen sich unabhängig von der jeweiligen Volksgruppe fast alle Südtiroler (98 Prozent) zur römisch-katholischen Kirche; in Bozen und Meran gibt es protestantische Gemeinden, in Meran auch eine kleine israelitische Kultusgemeinde. Interessanter als die Suche nach den großen und kleinen Differenzen in den verschiedenen Religionen und Gemeinden ist aber ohnehin das Aufspüren der mannigfaltigen Parallelen im Glauben der Menschen wie in ihrem religiösen Alltag – denkt vielleicht auch der singende Vogel in der Nacht.

VIELE JAHRHUNDERTE LANG war die Benediktinerabtei Marienberg, eine Stiftung der Edlen von Tarasp aus dem 12. Jahrhundert, geistiges Zentrum. Heute kümmern sich die Mönche hier vornehmlich um die Seelsorge und um Bildungseinrichtungen.

OBEN | MENSCH UND NATUR gehen in den Vajolettürmen, einer bizarren, durch insgesamt sechs Türme gebildeten Felsformation im Zentrum der Rosengartengruppe, eine merkwürdige Symbiose ein. RECHTS | ARCHITEKTUR UND NATUR in harmonischer Eintracht: Der Blick am Kirchturm des auf einer sonnigen Terrasse gelegenen Dorfes vorbei auf die Spitzen und Grate der Rosengartengruppe mit den Vajolettürmen und der König-Laurins-Wand lässt jedes Bergsteigerherz höher schlagen.

MERAN UND VINSCHGAU

Von Kaiserin Elisabeth und Bismarck über Rilke und Kafka bis zu Pavarotti und Caroline von Monaco: Im Lauf von rund 150 Jahren Fremdenverkehrsgeschichte trug viel Prominenz – ob gewollt oder nicht – dazu bei, den Ruf Merans zu pflegen. Gern wird man sich auch heute von dieser Stadt verzaubern lassen. Aber es wäre ein Fehler, nicht noch weiter nach Westen vorzudringen, in ein Tal, dessen spröder Charme sich nur dem Hartnäckigen erschließt: Der Vinschgau gleicht einer abweisenden Braut, die ihren Liebsten auf eine harte Probe stellt. Aber manchmal gibt es ja auch so etwas wie Liebe auf den zweiten Blick.

DIE GÄRTEN VON SCHLOSS TRAUTTMANSDORFF präsentieren in schönster Hanglage im Osten des Meraner Talkessels mehr als 80 Beispiele von Natur- und Kulturlandschaften aus aller Welt.

STILLLEBEN in Algund, etwa fünf Kilometer nordwestlich von Meran: In den denkmalgeschützten Stuben des Schnalshuberhofs der Familie Pinggera herrscht ein ganz besonderes Flair. So kommen hier an der Täfelung der »Zeitungsstube« Zeitungen aus dem 19. Jahrhundert zum Vorschein.

VERZAUBERND, BEZAUBERND

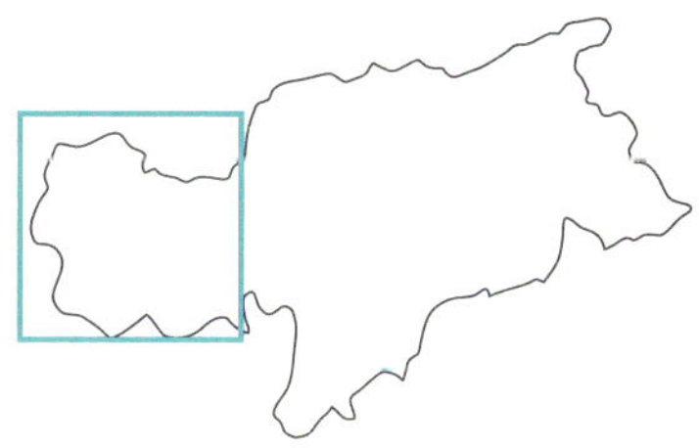

Lieber Herr Niedermayer, ich melde Ihnen meine Ankunft in Meran. Diese war reichlich enttäuschend. Es regnete u. es war kalt, zum Glück hatte ich meinen Wintermantel mit.« Das schrieb Gottfried Benn am 30. März 1952 seinem Verleger Max Niedermayer. Nur 24 Stunden später, so ist einem zweiten Brief Benns an Niedermayer zu entnehmen, war von Enttäuschung nichts mehr zu spüren: »... die Sonne ist da u. alles ist herrlich. Es ist warm, man kann ohne Mantel gehen u. es blüht doch schon viel u. ich bin entzückt.« Wer also wie Benn Meran an einem Regentag erreicht, der sollte Geduld haben. Die Stadt wird ihrem Ruf als Sonneninsel schon gerecht. Wenn nicht am nächsten, dann spätestens am übernächsten Tag.

HÖHENFLÜGE UND RÜCKSCHLÄGE Seit Beginn des 21. Jahrhunderts ist Meran gerade wieder einmal auf dem Weg nach oben. Innerhalb eines Jahrzehnts wurden mit dem botanischen Garten und dem neuen Thermenbad zwei Großprojekte verwirklicht, die dem Kurstadtleben neue Impulse brachten. Im Mittelalter hatte Meran politische Bedeutung, war Hauptstadt der Grafschaft Tirol, musste diese Rolle dann aber an Innsbruck abtreten. Die Münze wurde nach Hall verlegt. Die folgenden Jahrhunderte fristete Meran im Schatten der aufstrebenden Handels- und Messestadt Bozen ein Schattendasein. Der Umschwung kam erst um die Mitte des 19. Jahrhunderts. Es wurde schick, dem kalten Norden zu entfliehen und sich für Wochen und sogar Monate im warmen Süden aufzuhalten. Die Ärzte rieten lungenkranken Patienten zu Kuraufenthalten südlich der Alpen. Der Münchner Buchhändler Friedrich Lentner wurde erster Meraner Kurvorsteher, die Kuhställe in den Lauben verschwanden allmählich, die Fremdenpensionen wurden immer mehr. Dann kamen die ersten Gäste

mit der Brennereisenbahnlinie nach Meran, und dann kam die Kaiserin. Damit war Meran als Kurort sozusagen geadelt.
Aber meistens ist das Fest zu Ende, wenn es am schönsten ist. So blieb den Meranern nicht einmal mehr Zeit für die feierliche Eröffnung des neuen Kurhauses. Der Erste Weltkrieg brach aus. Am Ende war Tirol zweigeteilt, und der Süden fand sich plötzlich in einem fremden Staat wieder. Meran benötigte beinahe ein Jahrzehnt, bis es als Fremdenverkehrsstadt wieder salonfähig war. Im Zweiten Weltkrieg blieb Meran als Lazarettstadt zumindest von Fliegerangriffen verschont. Fast alle großen Hotels dienten der Aufnahme verwundeter Soldaten. Ein neuerlicher Dornröschenschlaf folgte. Gegen Ende der 1960er-Jahre drehte sich der Wind dann endgültig wieder in die richtige Richtung: »Fließend Deutsch und Warmwasser« lautete der Werbespruch, mit dem Gäste aus dem Wirtschaftswunderland angelockt wurden.

VOM HEUTIGEN REIZ Dieses Auf und Ab im Lauf der Jahrhunderte hat Meran geprägt und macht heute den besonderen Reiz aus. Ein Stadtbummel führt zu den Zeitzeugen all dieser verschiedenen Epochen: die mittelalterliche Altstadt, die herrschaftlichen Villen mit den großzügigen Parkanlagen aus der zweiten Hälfte des 19. Jahrhunderts, der Pferderennplatz aus der Mussolini-Ära, die modernen Bauten des neuen Kurbades.

MERANS LAUBENGASSE entstand bereits um die Mitte des 13. Jahrhunderts. Unterschieden werden die nördlichen, dem Berg zugewandten ›Berg-Lauben‹ von den gegenüberliegenden, der Passer zugewandten ›Wasser-Lauben‹.

DIE ›WANDELHALLE‹ an der Passerpromenade in Meran wurde im Jahr 1864 errichtet. Als überdachte Galerie beherbergt sie seit 1892 Gedenktafeln und Büsten von Persönlichkeiten, denen die Stadt ihren Ruhm verdankt.

Meran lässt den Besucher wählen zwischen dem alten Flair der Donaumonarchie und dem vergleichsweise nüchternen Charme einer geschäftigen Kleinstadt im deutsch-italienischen Spannungsfeld.

ANDREAS HOFER UND DIE TIROLER FREIHEITSKÄMPFE Noch in den 1960er-Jahren bot das Passeier Tal seinen Menschen kaum ein Auskommen. Dann profitierte es vom Fremdenverkehrsboom des Landes und erinnerte sich seines Helden. Der Sandwirt in St. Leonhard war Andreas Hofers Geburtshaus und die Wiege der Tiroler Freiheitskämpfe im Jahr 1809. Das ehemals kleine Landgasthaus ist gewachsen, das Museum Passeier erzählt die Geschichte des Tals, gibt die bäuerliche Kultur preis und alles, was mit dem Ander – Andreas Hofer – zusammenhängt. Dass die Bayern damals an der Seite Napoleons gegen Tirol kämpften, haben ihnen die Passeirer längst verziehen. Der Gast ist schließlich König. Heute geht es friedlich zu im Tal. Es wird Golf gespielt, am Passerdamm verläuft der Radweg nach Meran, Pfelders im Hinterpasseier preist sich erfolgreich als erstes autofreies Südtiroler Skidorf an, Jaufen und Timmelsjoch sind ein Dorado für Motorradfahrer. Und wer von all dem nichts wissen will, der geht in die Berge. Im Hinterpasseier dominieren Ötztaler und Stubaier Alpen, der Europäische Fernwanderweg Nummer fünf führt durch das Tal Richtung Süden. Man kommt an der

WOHLFÜHL-OASE MIT VERWÖHN-GARANTIE

Pfandler Alm vorbei, wo ein gewisser Raffl der Geldgier wegen den Hofer an die Franzosen verraten hat.

EINE DER URSPRÜNGLICHSTEN LANDSCHAFTEN SÜDTIROLS Wer an Meran vorbei westwärts in den Vinschgau fährt und die Gegend um Deutschnonsberg mit den Gemeinden Laurein und Proveis sowie Ulten im Wortsinn links liegen lässt, der ist selber schuld. Prominente Gäste entdeckten Ulten schon lange, bevor es als Wandergebiet erschlossen wurde. Die berühmten Ultner Bäder, die »Badln«, hatten in der zweiten Hälfte des 19. Jahrhunderts rund 2000 Besucher im Jahr. Einer von ihnen war der deutsche Reichskanzler Graf Otto von Bismarck. Der aber soll nicht nur wegen des Badens mehrmals nach Mitterbad gekommen sein, sondern weil es ihm Josepha Holzner, die Tochter des Mitterbad-Wirts, angetan hatte. Im Jahr 1901 trugen sich dann die Brüder Thomas und Heinrich Mann in Mitterbad in die Gästeliste ein. Das ist verbürgt. Etwas undurchsichtiger ist, wie die Geschichte zwischen Otto und Josepha endete. In Ulten erzählt man sich, der Graf habe tatsächlich bei Josephas Vater um ihre Hand angehalten. Dieser habe aber abgelehnt, weil »der Freiherr ja kein Katholik ist, ja vielleicht nicht einmal ein Christ!«

WO DER VINSCHGAU BEGINNT Geografisch ist die Töll die Grenze zwischen dem Vinschgau und dem Burggrafenamt. Die Sprachgrenze geht allerdings mitten durch die Gemeinde Naturns. Während die Menschen im Hauptort noch Burggräfler Dialekt sprechen, hört man in Staben plötzlich das unverkennbare Vinschger Idiom.

Bis vor wenigen Jahren musste jeder, der mit dem Auto in den Vinschgau wollte, bei Staben eine Engstelle überwinden. Zwischen der Kirche und dem gegenüberliegenden Haus konnte immer nur ein Fahrzeug durch. ›Schluff‹ heißt so etwas auf südtirolerisch. Eine markante Stelle, die dem Reisenden bewusst machte, dass er eine Grenze erreicht hatte. Mittlerweile umfährt man Naturns und Staben in langen Tunnels. Den Blick auf das Schloss Juval, das 927 Meter hoch am Sonnenberg liegt, erhascht man zwischen einem Tunnel und dem anderen: Hier zweigt das Schnalstal ab, das große Seitental

ARCHITEKT MATTEO THUN ging es bei der Therme Meran um einen »Dialog mit der Landschaft, dem Wasser und den ursprünglichen Elementen Südtirols«. Realisiert wurde ein Gesamtkunstwerk, das formvollendete Ästhetik mit ökologischem Know-how verknüpft.

ARCHITEKTONISCHES SCHMUCKSTÜCK der oberhalb Schluderns gelegenen, schon im 13. Jahrhundert errichteten Churburg ist der dreigeschossige Loggienhof – hier der erste Stock mit seinem an allen vier Seiten umlaufend freskierten Arkadengang.

des Unteren Vinschgaus. Schloss Juval wechselte seit der Gründung um das Jahr 1200 immer wieder den Besitzer. Glück gebracht hat es nur seinem vorerst letzten Eigentümer: Reinhold Messner suchte eine Bleibe für den Sommer und erstand 1984 Juval. Heute ist es Museum und Sommerresidenz gleichzeitig. Wer am Waalweg von Kastelbell ins Schnalstal entlang spaziert, stolpert geradewegs ins Schloss hinein. Oder in den Schlosswirt, einen unterhalb der Burganlage gelegenen Biobauernhof und Buschenschank. Im Schloss Juval findet man eine ganz eigene, gewöhnungsbedürftige Welt: Südtiroler Bergbauernidylle gepaart mit fernöstlicher Mystik. Gebetsfahnen flattern im Wind über Juval, eine ebenso fremde wie vielarmige Gottheit bewacht das Eingangstor. Was Messner von seinen Expeditionen mitgebracht hat, wird hier ausgestellt.

ÖTZI IM EIS Im Jahr 1991 entdeckten zwei Urlauber aus Nürnberg am Hauslabjoch unterhalb des Similaungletschers auf mehr als 3600 Metern Höhe eine mumifizierte Männerleiche. Was auf den ersten Blick nach einem vor Jahren verunglückten Tourengeher aussah, stellte sich bald als Sensationsfund heraus: Der ›Tourengeher‹ war rund 5000 Jahre alt. Die Mumie erhielt den Namen Ötzi, weil wir ja hier in den Ötztaler Alpen sind, und wurde alsbald zum Streitobjekt zwischen Italien und Südtirol und bekam schließlich in Bozen ein eigenes Museum.

EIN VORZEIGEMODELL Nach einer 14-jährigen Unterbrechung fuhr im Mai 2005 wieder ein Zug in Richtung Vinschgau. Seither boomt der Regionalzug und gilt als Vorzeigemodell für ein Lokalbahnprojekt. Schüler, Pendler, aber vor allem Touristen nutzen den Zug, um das Tal zu erkunden. An den Bahnhöfen gibt es einen Radverleih. Und so kann man sich in Schlanders, Laas oder Mals ein Rad ausleihen und es je nach Lust und Laune in Latsch, Kastelbell, Naturns oder Meran wieder zurückgeben. Wer seine Radtour am Reschenpass beginnt, kommt in den Genuss einer Landschaft, die den sprichwörtlichen spröden Charme besitzt. Abweisend und anziehend zugleich. Doch aufgepasst: Am Nachmittag ändert der Vinschger Wind seine Richtung. Wer da noch an der Etsch nach Meran unterwegs ist, muss mit Gegenwind rechnen.

DAS TAL UND SEINE MENSCHEN Schlanders hat den höchsten Kirchturm, Sulden den Ortler, Martell das beste Beerenobst, Laas den schönen weißen Marmor, Glurns sein vollständig erhaltenes mittelalterliches Stadtbild, Mals seine Türme, Burgeis das Kloster Marienberg, Schluderns die Churburg, Naturns mit St. Prokulus eine der ältesten Kirchen: Der Vinschgau ist so reich an Sehenswürdigkeiten wie kein anderer Teil Südtirols. Aber was dieses Tal wirklich prägt, sind seine Menschen. Im Vinschgau sind die Kreativen am Werk; jene, die nicht nur über den Tellerrand hinaus schauen, sondern auch denken.

IN DER STEINMETZWERKSTATT von Josef Mayr in Laas gedeihen Kunst und Handwerk in einer sich gegenseitig befruchtenden Symbiose. Mayrs Credo lautet: »Der Steinmetz muss in der Lage sein, jedes Kunstwerk nachzuschaffen und nach künstlerischen Entwürfen selbstständig zu arbeiten. Sonst verdient er die Bezeichnung Handwerker nicht.«

OBEN | SCHLOSS TIROL ist die Stammburg der Grafen von Tirol, nach denen das Land auch benannt wurde. Heute beherbergt es das Landesmuseum für Kultur- und Landesgeschichte. Nicht versäumen sollte man bei einem Rundgang die Besichtigung der vollständig freskierten, um 1330 mit einer überlebensgroßen Kreuzigungsgruppe ausgestatteten Burgkapelle. RECHTS | SCHLOSS LEBENBERG oberhalb von Tscherms geht im Kern auf eine im 13. Jahrhundert errichtete Anlage zurück, wurde aber später viele Male um- und ausgebaut.

WANDERPARADIES

Vom Meraner Höhenweg bei Longfall kann man zu den Spronser Seen – der größten hochalpinen Seengruppe Südtirols – wandern. Der Lohn für die Mühen des Aufstiegs Ein atemberaubender Blick über Pfitschersee, Langsee und Grünsee.

OBEN | DAS NEUE KURHAUS von Meran, 1912 bis 1914 nach Entwürfen von Friedrich Obmann errichtet, gehört zu den schönsten Jugendstilbauten der Alpen. LINKS | »DIE GANZE WELT IN EINEM GARTEN« – so lautet das Motto in den Gärten von Trauttmansdorff bei Meran, und das ist kaum zu viel versprochen: Hier findet man eine staunenswerte Pflanzenvielfalt eingebettet in »die schönste Landschaft, die ich je gesehen habe« (so Franz Kafka in einem Brief an seine Freundin Milena Jesenská).

OBEN | IM WINTER kann man am Eisbruch unterhalb der Königsspitze zum Eisklettern gehen. Ein eisiges Vergnügen: Mit dem Suldenferner im Hintergrund hat man das Eis nicht bloß vor der Nase, sondern auch im Panorama. UNTEN | AUCH DAS ist Südtirol – hier bei der Spronser Seenplatte mit Blick auf den Langsee: zweisprachig, mindestens. RECHTS | DOMINIEREND im Ortskern steht auf einem Geländevorsprung neben der alten gotischen Kirche die in den Jahren 1914 bis 1931 errichtete neugotische Pfarrkirche von Schenna. Beide Kirchen sind der Gottesmutter Maria geweiht.

SÜDTIROLER ÄPFEL

REISE DURCH DAS APFELPARADIES

DIE QUALITÄT des Grundprodukts entscheidet über die Qualität der Speisen: Kuchen ist nur eine von vielen möglichen Zubereitungsvarianten der Äpfel aus Südtirol.

WER VOM RESCHEN KOMMEND die Etsch entlang Richtung Süden fährt, hat ein ständiges Bild vor Augen: Die Talsohle ist ein Meer von Apfelbäumen. Dabei kommt es schon vor, dass dieses Meer unter einem seltsamen Grauschleier liegt. Bei genauerem Hinsehen entpuppt sich der Grauschleier als Netz: Immer mehr Bauern leisten sich Hagelnetze, um ihre kostbare Ernte zu schützen. Diese Hagelnetze werden auf die Bäume um ein gutes Stück überragende Betonpfeiler gesetzt und ausgerollt. Man einigte sich auf eine einheitliche Netzfarbe (schwarz) und darauf, dass die Netze nur einen Teil der Anbaufläche abdecken dürften. Ob Petrus entsprechend informiert wurde, dass er es nur dort hageln lässt, wo Netze stehen, ist allerdings noch nicht geklärt.

EINSAMER SPITZENREITER unter den Südtiroler Äpfeln ist der Golden Delicious mit 42 Prozent, gefolgt von Gala (15), Red Delicious (11), Braeburn (9), Granny (6) und Fuji (5 Prozent). Schon an den Namen lässt sich erkennen, dass die Globalisierung auch ein so bodenständiges Nahrungsmittel wie den Apfel nicht ausspart. Allerdings haben Südtirols Obstbauern den Trend der Zeit früh erkannt und den Blick weit über den Tellerrand gerichtet. ›Sortenumstellung‹ hieß das Schlagwort: Alte, aus der Mode gekommene Apfelsorten wie Kalterer und Lederer verschwanden, dafür eroberte Pink Lady die Herzen der Südtiroler Obstbauern wie den Markt. Heute werden etwa 20 Sorten im Handel angeboten, weltweit gibt es an die 20000 verschiedene Apfelsorten. Im Landesversuchszentrum Laimburg testet man Anbaubedingungen und entwickelt neue Pflanzenschutzstrategien und Lagermethoden. Die geringe Zahl der im Handel angebotenen Apfelsorten führt dazu, dass diese oft in einem engen genetischen Verwandtschaftsverhältnis stehen. Daher hat das Versuchszentrum die alten Apfelsorten ins Visier genommen: In einer Genbank werden diese gesichert, um als Kreuzungspartner im eigenen Züchtungsprogramm eingesetzt zu werden. Rund 400 verschiedene Sorten und Klone des Apfels werden in Zusammenarbeit mit mehreren Fachinstituten auf der ganzen Welt in der Laimburg getestet, immer mit Blick auf die Anbaumöglichkeiten in Südtirol.

HEUTE KANN MAN ES SICH ja gar nicht mehr vorstellen, dass es einmal eine Zeit gab, als der Golden Delicious so gut wie unbekannt war. Damals, um das Jahr 1880 herum, kam der köstliche Calville zu Ehren. Vor allem der weiße Winter-Calville trat einen Siegeszug quer durch Europa an und wurde schon bald ›Regentenapfel‹ genannt. Sogar am Hof des Zaren war der Calville eine begehrte Delikatesse. Jeden Apfel wickelte man einzeln in Seidenpapier und verpackte ihn sorgfältig, damit er nur ja den Transport ohne Druckstellen überstand. Im Jahr 1900 trat der Calville eine besonders weite Reise an: Zwei Waggons wurden nach China verschickt und waren dort für deutsche Soldaten bestimmt. Mit Ausbruch des Ersten Weltkriegs ging auch die große Zeit des vornehmen Calville-Apfels zu Ende. Mehr über die Geschichte des Südtiroler Obstbaus erfährt man im Obstbaumuseum in Lana (www.obstbaumuseum.it).

ROT WIE DIE LIEBE ist die tägliche Ration Gesundheit – hier in Südtirol wächst sie auf den Bäumen. Was einst als Luxusgut galt und an diverse Kaiserhöfe geliefert wurde, ist heute Allgemeingut und allgemein gut. 2005 wurde dem Südtiroler Apfel auch noch das europäische Qualitätssiegel »geschützte geografische Angabe« verliehen.

Die wichtigsten Südtiroler Apfelsorten

Golden Delicious: ein gelber, mittelgroßer bis großer, süßsäuerlich schmeckender Apfel (Erntezeit erste Septemberhälfte, Verfügbarkeit bis Juli).

Gala: rot, mittelgroß, süßlich, sehr aromatisch (Erntezeit zweite Augusthälfte, Verfügbarkeit bis Mitte März).

Fuji: rubinrot, mit süßlich-exotischem Geschmack, vollreife Früchte schmecken leicht nach Melone, hoher Zuckergehalt (Erntezeit Anfang Oktober, Verfügbarkeit bis Mai).

Braeburn: rot, mittelgroß, angenehmes Zucker-Säure-Verhältnis (Erntezeit Ende September, Verfügbarkeit bis Mai).

Granny: grün, saftig, fein säuerlich (Erntezeit Anfang Oktober, Verfügbarkeit bis Mitte Juni).

Cripps Pink (Pink Lady): rot, mittelgroß, saftig, leicht säuerlich (Erntezeit Ende Oktober, Verfügbarkeit bis Mai).

SÜDTIROL AUF EINEN BLICK

SEHENSWERTES VON A BIS Z | WISSENSWERTES

146 WIPPTAL UND EISACKTAL

148 BOZEN UND UMGEBUNG

150 ÜBERETSCH-UNTERLAND

151 PUSTERTAL

152 LADINIEN UND SCHLERNGEBIET

154 MERAN UND VINSCHGAU

157 DATEN UND FAKTEN GESCHICHTE

DUMONT KARTE

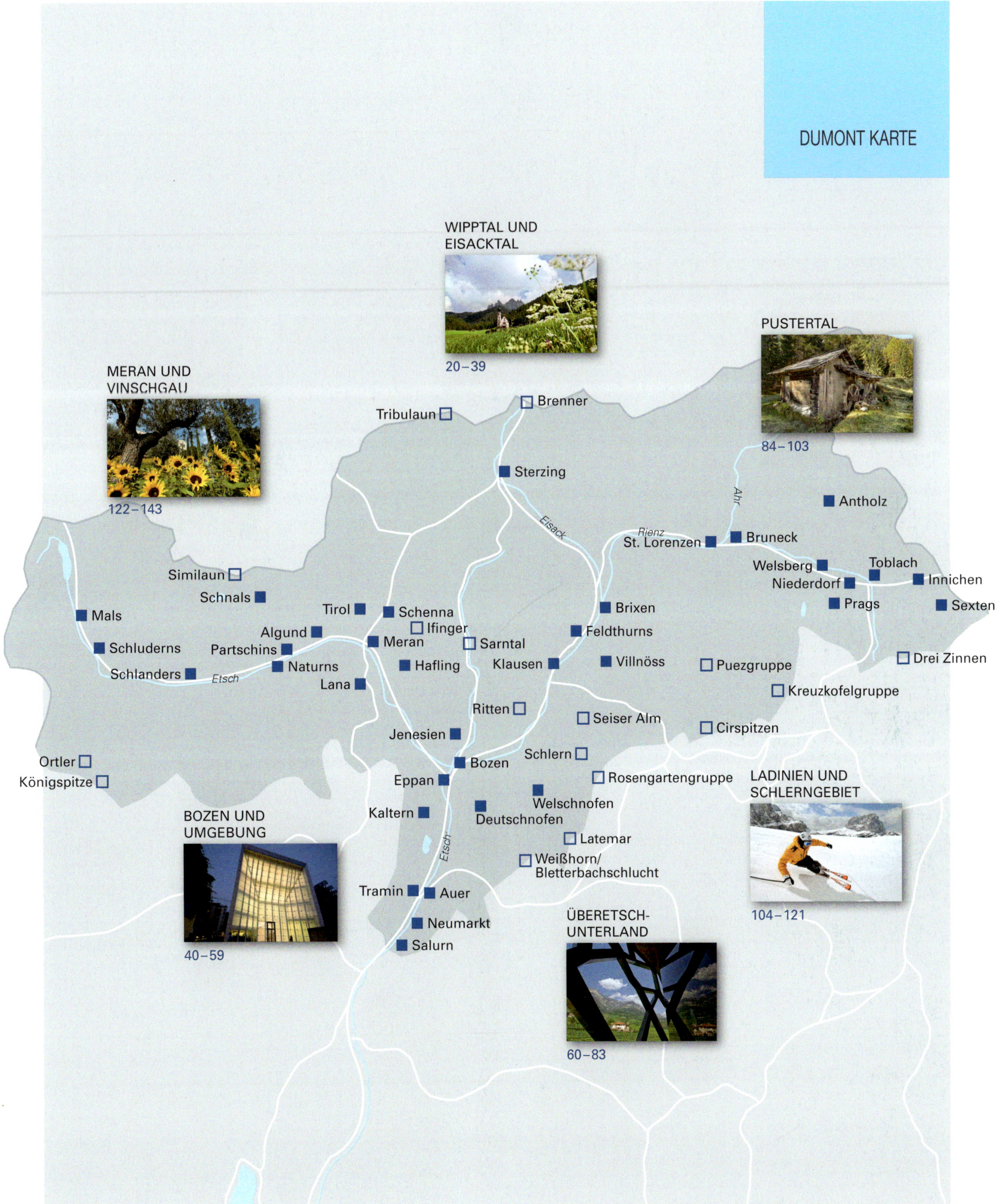

WIPPTAL UND EISACKTAL

BRIXEN Die planmäßige Anlage der ältesten Stadt Südtirols mit Lauben und Dombezirk erfolgte in den Jahren 1022 und 1039 durch Bischof Hartwig. Die Fürstbischöfe mussten im kaiserlichen Auftrag den Krönungsweg nach Rom sichern.

SEHENSWERT ist vor allem der **Dombezirk**, der die Rolle der Stadt als Zentrum geistlicher Macht zum Ausdruck bringt. In der doppeltürmigen **Domkirche** beeindrucken die Deckenfresken Paul Trogers. Der freskengeschmückte Kreuzgang und die Fürstbischöfliche Hofburg (1595–1610) schließen sich an. Beim Bummel durch die Gassen der Altstadt sollte man die traditionsreichen Gaststätten – etwa den ›Fink‹ oder den ›Finsterwirt‹ – ebenso wenig auslassen wie den zum großen Teil denkmalgeschützten Stadtteil **Stufels**, den Kern Brixens. In der **Hofburg** findet man das Diözesanmuseum mit einer Sammlung sakraler Kunst von der Romanik bis zur Moderne. Auch Werke Tiroler Künstler des 19. Jahrhunderts sind zu sehen, eine Krippensammlung und wechselnde Ausstellungen (www.hofburg.it, www.dioezesanmuseum.bz.it). Das **Museum im Weißen Turm** gibt Aufschluss über die Bedeutung der Glocken im religiösen Leben und gewährt zudem einen Blick aus der Vogelperspektive über die Altstadt. Interessant ist auch das Pharmaziemuseum: Im Haus der Stadtapotheke werden 400 Jahre Pharmaziegeschichte dokumentiert (www. pharmaziemuseum.it).

UMGEBUNG Die Habsburgerfestung **Franzensfeste** ist seit 2005 für Besucher zugänglich (www.oppidum.bz.it). Bis dahin war dies ein militärisches Sperrgebiet. 2009 feierte Südtirol in dieser schon allein wegen ihrer Ausmaße beeindruckenden Anlage das Jubiläum »200 Jahre Tiroler Freiheitskampf«. Erinnert wurde damit an die Erhebung der Tiroler Bauern unter Andreas Hofer gegen die napoleonische Herrschaft. Die Bibliothek des Augustinerchorherrenstifts **Neustift** verfügt über eine umfangreiche Handschriftensammlung, die Pinakothek über eine beachtenswerte Sammlung gotischer Tafelmalerei (www.kloster-neustift.it). Von **Vahrn** bei Brixen bis zum Ritten oberhalb Bozens zieht sich auf einer Länge von mehr als 50 Kilometern längs des Eisacktaler Sonnenhanges ein Band von Kastanienhainen hin, der **Kastanienweg**. Die Wanderroute ist ganzjährig begehbar, hat aber vor allem im Oktober und November ihren besonderen Reiz, weil die Mischwälder dann in den schönsten Farben strahlen. In diesen Wochen bieten Gasthöfe in den Dörfern und entlang der Wanderroute die Kastanienspezialitäten an (›Eisacktaler Kastanienwochen‹). Aber auch unterwegs trifft man immer wieder auf improvisierte Verkaufsstände, wo man sich bei gebratenen Kastanien stärken und natürlich gleich ein Glas neuen Rot- oder Weißwein dazu trinken kann.

FELDTHURNS Auf halbem Weg zwischen Brixen und Klausen liegt mit Feldthurns ein für das Eisacktaler Mittelgebirge typisches Dorf. Bei Aushubarbeiten für eine Wohnsiedlung kamen kreisförmig angeordnete Steinplatten und Menhire, aufrecht stehende Kultsteine, ans Tageslicht.

SEHENSWERT **Schloss Velthurns** war der Sommersitz der Brixner Bischöfe und ist als solches eines der wenigen Lustschlösser in der überaus reichen Burgenlandschaft Südtirols. Besonders interessant sind die Fürstenzimmer aus der Renaissancezeit mit ihrer herrlichen Täfelung, den Kassettendecken und Wappenöfen. Im sogenannten Schreiberhaus, einem Nebengebäude des Schlosses, ist das **Heimatmuseum** untergebracht.

WEINBERG IM EISACKTAL

GOSSENSASS Hauptort der Gemeinde Brenner ist Gossensaß. Der Schriftsteller Henrik Ibsen wählte den Ort aus, weil er hier die Ruhe fand, um an seinen Stücken zu feilen. Siebenmal verbrachte er seinen Arbeitsurlaub in Gossensaß. Der Schüttelreim, den die Südtiroler Kinder in der Schule lernen, stammt allerdings nicht von ihm: »Fuhr ein Auto durch Gossensaß/mitten durch die Soßengass'/sodass die ganze Gassensoß sich über die Insassen goss.«

SEHENSWERT ist vor allem das Hinterland von Gossensaß mit seinem weit verzweigten Netz von Wanderwegen. Auch weniger Konditionsstarke sollten zumindest im Pflerschtal der **Hölle** einen Besuch abstatten. Was von Weitem wie Rauch aussieht, ist die Gischt, der Sprühregen eines Wasserfalls. Knapp 50 Meter tief stürzen die Wassermassen des Pflerschbaches bei den Hintersteiner Höfen.

KLAUSEN Bedeutung errang der Ort aufgrund seiner strategischen Lage am alten Brennerweg als Zollstätte, als ›Klause‹. Das Städtchen hat eine interessante Geschichte, aber auch viele Geschichten zu erzählen und mit dem Kloster Säben eine Sehenswürdigkeit ersten Ranges.

SEHENSWERT Im ehemaligen Kapuzinerkloster ist das **Stadtmuseum** untergebracht. Hier hütet man den Loretoschatz – eine Sammlung sakraler Kunstgegenstände, die Klausen dem Umstand zu verdanken hat, dass der Bauernsohn Gabriel Pontifeser als Pater Gabriel an den Hof von Pfalz-Neuburg kam und dann Prinzessin Maria Anna an den Hof von Madrid folgte, als diese 1690 Karl II. von Spanien ehelichte. Dort wurde Pater Gabriel königlicher Hofkaplan. So wird verständlich, warum im kleinen Klausen unter anderem ein Feldaltar des spanischen Königspaares zu sehen ist (www. klausen.it).

UMGEBUNG Das **Kloster Säben** mit seinen vier Kirchen gilt als Akropolis des Landes. Die prächtige, rund 200 Meter hoch auf dem heiligen Berg über Klausen gelegene Anlage lohnt den Aufstieg schon wegen des Blickes, den man von hier aus auf das Städtchen hat. Drei Kirchen und die Kapelle stehen Besuchern offen, nicht aber das noch bewohnte Kloster. Die **Trostburg** (7 km südlich von Klausen, erreichbar über Waidbruck) beherbergt heute das **Südtiroler Burgenmuseum**, eine Ausstellung historischer Burgenmodelle Südtirols. Palas und Bergfried stammen aus dem 12. Jahrhundert; 1370 kam die Burg in Besitz des Friedrich von Wolkenstein, des Vaters des Dichters und Sängers Oswald von Wolkenstein. Ihre Glanzzeit hatte die Trostburg in den Jahren 1594 bis 1625 unter Engelhard Dietrich Graf von Wolkenstein-Trostburg, der die Anlage zu einer uneinnehmbaren Festung ausbauen ließ. Schwere Schäden richteten erst die Bomben der Alliierten im Zweiten Weltkrieg anzurichten. Davon aber ist nichts mehr zu sehen. Die Trostburg präsentiert sich dem Besucher wie im ursprünglichen Glanz. Besonders interessant ist der Rittersaal mit den Reliefﬁguren der Wolkensteiner und den erst 2008 freigelegten Fresken, die zu den ältesten profanen Wandmalereien Tirols gezählt werden (www. burgeninstitut.com).

STERZING Wer wissen will, wie man erkennt, ob eine Stadt in den Alpen bereits im Mittelalter eine wichtige Rolle gespielt hat, der sollte sich für Sterzing Zeit nehmen. Die Bürgerhäuser der Altstadt und kleine Hinweise wie die kunstvoll geschmiedeten Wirtshausschilder erinnern an den – Weinausschank und Silberbergbau zu verdankenden – Wohlstand.

SEHENSWERT Der **Zwölferturm** ist das Wahrzeichen der Stadt. Herzog Sigmund ›der Münzreiche‹ ließ ihn 1486 errichten. Im Innenhof des Rathauses ist der sogenannte Mithrasstein zu sehen, ein Kultstein aus der Römerzeit, der 1589 in einer Höhle bei Mauls entdeckt wurde. Der ehemalige Gerichtssitz **Jöchlsturm** (oder: Jöchelsthurn) ist einer der wenigen noch erhaltenen Edelsitze. Von den sechs Kirchen ist die **gotisch-barocke Pfarrkirche** die kunsthistorisch interessanteste.

UMGEBUNG In der **Gilfenklamm** (4 km südwestl.) hat sich der Ratschingsbach einen Weg durch weißen Marmor gebahnt. Geübte Geher können die Marmorschlucht auf einer Steiganlage erkunden. **Wolfsthurn** bei Mareit ist das einzige stilreine Barockschloss Südtirols. Es beherbergt das **Landesmuseum für Jagd und Fischerei** (www. wolfsthurn.it). Am **Schneeberg** in **Ridnaun** wurden mehr als 800 Jahre lang in einem der höchstgelegenen Bergwerke Europas Silber, Blei und Zink sowie zeitweise auch Kupfer und Cadmium gefördert. Erst im Jahr 1985 stellte man den Betrieb ein – heute bekommt man hier einen faszinierenden Eindruck von den extremen Arbeitsbedingungen unter Tage: Das Besondere an der **BergbauWelt Schneeberg** ist, dass man sich hier nicht wie in einem Museum fühlt, sondern den Eindruck hat, selbst in die spannende Welt des Bergbaus einzutauchen. Das – ein im ehemaligen Arbeiterwohnhaus untergebrachtes Museum – gibt es hier zwar auch, aber das wahre Erlebnis erwartet einen unter Tage. Denn die originalen Anlagen sind noch immer funktionstüchtig: »Wenn wir wollten, könnten wir morgen wieder mit der Arbeit beginnen«, heißt es stolz vor Ort.

JAHRTAUSENDSÄULE IN BRIXEN

VILLNÖSS/TEIS Das Villnösstal ist eines der schönsten Wandergebiete in der Ferienregion Eisacktal. Berühmt sind die Geislerspitzen und das Kirchlein St. Johann in Ranui im Talschluss. Hauptort ist St. Peter mit der Fraktion Teis. Reinhold Messner hat in Villnöss seine Kindheit und Jugend verbracht.

SEHENSWERT Im Mineralienmuseum in **Teis** (7 km von der Autobahnausfahrt Klausen) sind Mineralien aus dem ganzen Alpenraum, vor allem die berühmten ›Teiser Kugeln‹ zu sehen: Steinkugeln, die in ihrem Inneren bis zu sieben verschiedene Mineralien bergen (www. mineralienmuseum-teis.it).

BOZEN UND UMGEBUNG

BOZEN Wer Bozen bzw. den Bozner Talkessel als Siedlungsgebiet entdeckte, ist bis heute umstritten. Verbürgt ist eine römische Straßenkarte aus späterer Zeit, auf der die Militärstation ›Pons Drusi‹ verzeichnet ist. Diese ›Brücke des Drusus‹ gilt als eine von mehreren Keimzellen der späteren Stadt. Zwei Ereignisse waren es, die Bozen ins Zentrum der späteren Grafschaft Tirol rückten: Im 14. und 15. Jh. wurde die Eisacktaler Schlucht zuerst begehbar gemacht und dann verbreitert, sodass auch Fuhrwerke passieren konnten. Später richtete Landesfürstin Claudia de' Medici (1632–1646) in Bozen das Handels- und Wechselgericht ein, eine den lokalen Marktordnungen übergeordnete Instanz, die zum Vorbild großer Messeorte im deutschen Sprachraum wurde. Verhandelt wurde in deutscher und italienischer Sprache. Noch erhalten aus dieser Zeit ist der Merkantilpalast zwischen den Lauben und der Silbergasse.

SEHENSWERT Der gut erhaltene Stadtkern lässt die mittelalterliche Anlage erkennen, obwohl es keine Stadtmauern und -tore mehr gibt. Die **Bozner Laubengänge**, heute eine exklusive Einkaufsstraße, sowie die parallel verlaufenden **Silber-** und **Bindergasse**, **Rathausplatz** und **Obstmarkt** bilden ein relativ geschlossenes Ensemble. Über den **Waltherplatz**, den seit 1981 auch das Denkmal des Dichters wieder ziert, nachdem es 1935 wegen ›Behinderung des Verkehrs‹ entfernt worden war, erreicht man den **Dom**, das Wahrzeichen der Stadt. Besonders schön ist der 62 Meter hohe gotische Glockenturm mit seinen filigranen Sandsteinarbeiten. Im Kircheninneren findet man diese Form in der ebenfalls aus Sandstein gehauenen Kanzel wieder. Wie der Dom wurde auch die **Dominikanerkirche** Ende des Zweiten Weltkrieges von Bomben stark beschädigt, aber später wieder originalgetreu aufgebaut. Einen Besuch wert ist die Johanneskapelle wegen ihrer aus dem 14. Jahrhundert stammenden Fresken. Das Schmuckstück des **Franziskanerklosters** im Norden der Altstadt ist der Kreuzgang. In der **Pfarrkirche von Gries** findet man das bedeutendste Werk gotischer Kunst in ganz Südtirol, den Hochaltar ›Krönung Mariens‹ des Künstlers Michael Pacher.

MUSEEN Wer schon einmal in Moskau war und das Lenin-Mausoleum besucht hat, der weiß, was ihn erwartet: Anstehen, vorbeigehen, einen Blick auf den mumifizierten Toten werfen und weiter. Auch hier liegt der Raum im Halbdunkel: Ein Guckfenster gibt den Blick frei auf den Sensationsfund vom Hauslabjoch im Schnalstal. Für das **Südtiroler Archäologiemuseum**, allgemein als ›Ötzi-Museum‹ bekannt, hat die Südtiroler Landesregierung keine Kosten gescheut. Im Frühjahr 1998 wurde es eröffnet, seither sind mehr als 2,5 Millionen Menschen an der Kühlzelle vorbeimarschiert, in der die gleichen klimatischen Bedingungen herrschen wie im Gletschereis, das den urzeitlichen Jäger über Jahrtausende erhalten hat: minus sechs Grad und fast 100 Prozent Luftfeuchtigkeit. Ebenso interessant wie Ötzi selbst sind die Kleidungsstücke und Ausrüstungsgegenstände, die im Gletschereis gefunden wurden: Grasmantel und Schuhe, ein Beil, Pfeile und Bogen. Den Besucher erwartet ein Rundgang durch 15 000 Jahre Geschichte, vom Ende der letzten Eiszeit bis zur Zeit Karls des Großen (www. iceman.it).

REKONSTRUIERTER ÖTZI

Das **Museum für moderne Kunst** (Museion) mit seinem futuristisch anmutenden Kubus samt geriffelter Aluminiumwände und doppelter Glasfassaden ist ein Werk des Berliner Architekturbüros KSV – Krüger, Schuberth, Vandreike. Das Gebäude ist 25 Meter hoch und hat 2100 Quadratmeter Ausstellungsfläche. Zu sehen sind wechselnde Ausstellungen zeitgenössischer Kunst und die museumseigene Sammlung mit dem Schwerpunkt Bild-Text-Sprache. Der Eingang befindet sich auf der Altstadtseite, aber man sollte das Gebäude unbedingt vom gegenüberliegenden Talferufer aus ansteuern (www.museion.it). Im **Messner Mountain Museum Firmian** auf **Schloss Sigmundskron** werden Entstehung und Ausbeutung der Berge, ihre religiöse Bedeutung und die Geschichte des Bergsteigens nachvollziehbar (www.messner-mountain-museum.it).

UMGEBUNG Ganz nahe bei der Stadt und doch inmitten freier Natur: Auch so kann man Bozen erleben, und zwar auf einer rund zweieinhalbstündigen Wanderung vom Ortsteil Gries über die Guntschna-Promenade bis zur St.-Oswald-Promenade und dem Weinviertel St. Magdalena. Dabei umgeht man Bozen nordöstlich in einem weiten Bogen. Lohnenswert ist ein Abstecher zum **Schloss Runkelstein**, das, am Eingang des Sarntales gelegen, eine Sonderstellung unter den Schlössern Südtirols einnimmt. Hier sieht man den ältesten und umfangreichsten profanen Freskenzyklus, der das Leben der Ritter bei Hofe beschreibt:

ALTSTADT VON BOZEN

Dargestellt findet man Jagd und Turnierspiele, Minne und Mode, aber auch Heldengeschichten wie jene des Ritters Garel aus Artus' Tafelrunde. Berühmte Liebespaare kommen vor, wie Tristan und Isolde; Kriegsherren wie Alexander der Große und Julius Cäsar. Die Brüder Nikolaus und Franz von Vintler, schwerreiche Bozner Bürger, erstanden 1385 die Burg und beauftragten einheimische Künstler, die Burg auszuschmücken. 1995 wurden die Fresken grundlegend restauriert.
Bozen aus der Vogelperspektive sieht man am besten vom Aussichtsturm in **Kohlern** (1181 Meter). Dorthin gelangt man mit der **ältesten Personen-Seilbahn Europas**, die1908 von einem Bozner Gastwirt errichtet wurde.

JENESIEN So wie der Ritten ist auch der **Salten** – im Volksmund ›Tschögglberg‹ genannt – ein sommerlicher Rückzugsort für viele Bozner. Seine ganze Pracht entfaltet der Bergrücken zwischen Jenesien und Mölten erst im Herbst. Grund dafür sind die Lärchenwiesen, Naturdenkmal und Wahrzeichen für das Mittelgebirge mit dem **Möltner Joch** als höchstem Punkt (1734 Meter). Die Herbstfarben und die Aussicht auf die umliegenden Berge machen einen Spaziergang über den sanft gewellten Salten zu einem Erlebnis. Das Farbenspiel kann man sich übrigens auch hoch zu Ross gönnen: Jenesien und Mölten sind Hochburgen der Haflingerzucht. Allein in Jenesien gibt es drei Reitställe.

RITTEN Zwischen Sarntal und Eisacktal erhebt sich über Bozen ein herrliches Hochplateau, dessen landschaftliche Schönheit durch ein rund 350 Kilometer langes Netz gut gepflegter Wanderwege erschlossen ist. Das seit dem Jahr 1907 bestehende Rittner Bahnl verbindet auf knapp sieben Kilometern Strecke die Ortschaften Maria Himmelfahrt, Oberbozen, Wolfsgruben und Lichtenstern mit dem Hauptort Klobenstein.
SEHENSWERT Die **Kommende Lengmoos** aus dem 13. Jahrhundert erinnert an die Bedeutung des Höhenweges für die Pilger: Das einstige Deutschordenshospiz ist heute unter anderem Schauplatz für Freilichttheater bei den jährlichen Rittner Sommerspielen (www.rittnersommerspiele.com).
Die Besonderheiten des Plateaus erklären die neun Stationen des gleich im Dorfzentrum von Oberbozen beginnenden **Rittner Themenwegs**: Von der Brennerautobahn her kommend ist das Ziel gleich nach der Ausfahrt Bozen-Nord auf die Staatsstraße gut ausgeschildert. Wer sein Auto in Bozen stehen lässt, der kann mit der neu ausgebauten Rittner Seilbahn (Talstation Nähe Bahnhof) in zwölf Minuten ohne Wartezeit nach Oberbozen schweben. Dort beginnt gleich im Dorfzentrum die als Themenweg markierte Wanderung. Schautafeln am Wegesrand informieren über die geologischen Besonderheiten am Ritten. Höhepunkt der schönen Wanderung sind die berühmten **Erdpyramiden**, die bereits gegen Ende der letzten Eiszeit vor rund 10 000 Jahren entstanden, als der vom Eisacktaler Hauptgletscher abgelagerte Moränenlehm bis zu 15 m hohe Steilwände formte. Dort, wo größere Steine auf dem Lehm lagerten und diesen durch ihr Gewicht festigten, wurden die Erdpyramiden förmlich aus den Wänden herausgewaschen beziehungsweise herausgewittert.
Neben den Erdpyramiden ist vor allem das **Rittner Horn** (2260 Meter) als Ausflugsziel zu empfehlen: Die höchste Erhebung am Ritten bietet ein 360-Grad-Panorama, wie man es sonst kaum irgendwo findet. Der Gipfel ist auch für weniger geübte Geher leicht erreichbar. Eine Umlaufbahn führt von Pemmern auf die Schwarzseespitze. Nach einer rund einstündigen Wanderung ist das lohnenswerte Ziel erreicht.

SARNTAL Das Sarntal ist ein gutes Rückzugsgebiet für jene Gäste, die sich gerne ›wie am Ende der Welt fühlen‹, ohne wirklich dort zu sein. Denn das Sarntal bietet einerseits viel Ruhe und Abgeschiedenheit, andererseits aber auch viel Abwechslung, gilt Reinswald im Winter doch als attraktives Familienskigebiet und das ganze Tal im Sommer als Paradies für Mountainbiker und Wanderer. Zudem begegnet man hier noch alter Handwerkstradition wie dem Federkielsticken.
MUSEUM Wer das ursprüngliche Sarntal und seine Traditionen noch etwas genauer kennenlernen möchte, dem sei an dieser Stelle ein Besuch des **Rohrerhauses** empfohlen, ein aus dem 13. Jahrhundert stammendes Anwesen, das zum Museum umgestaltet wurde (www.rohrerhaus.it).

UMGEBUNG Zu empfehlen ist eine Fahrt zum **Durnholzer See**, ein Radausflug hinauf auf das **Penser Joch**, ein Blick von **Wangen** hinab in die Sarner Schlucht oder der Weg zur **Hohen Reisch** (2000 Meter), im Volksmund als Platz der ›Stoanernen Mandlen‹ bekannt.

ÜBERETSCH-UNTERLAND

SÜDTIROLER WEINFEST

EPPAN Der Gemeindename Eppan umfasst acht Dörfer, darunter den Hauptort **St. Michael**, die auf insgesamt 60 Quadratkilometer verteilt sind. Mit den 180 Schlössern, Burgen und Edelsitzen Eppans kann keine Südtiroler Gemeinde auch nur annähernd mithalten.
SEHENSWERT Das Schlösserdreieck Hocheppan, Boymont und Korb lässt sich auf einer leichten Rundwanderung erkunden. **Boymont** ist nur mehr eine Ruine, **Korb** ein Hotel, **Hocheppan** lädt als gut geführte Gaststätte zur Einkehr und kann mit der romanisch-byzantinischen Burgkapelle ein Kulturgut erster Güte vorweisen. Die Weindörfer Eppans sind sich in ihrer Bauweise ähnlich, **St. Pauls** ist aber das kunsthistorisch interessanteste. Die mächtige Kirche trägt ihren Spitznamen ›Dom auf dem Lande‹ nicht zufällig: Hundert Jahre lang wurde daran gebaut, 81 Meter hoch ist der Turm. Die engen Gassen und Straßen mit vielen sehenswerten Ansitzen und Höfen sind einmal im Jahr rappelvoll, beim Torbogenfest im September.

UMGEBUNG Eine klimatische und botanische Besonderheit sind die **Eislöcher**: Wenn Eppan im Sommer unter 30 und mehr Grad Hitze stöhnt, sollte man für die Wanderung dorthin einen Pullover mitnehmen – die Temperaturen schwanken ganzjährig zwischen null und fünf Grad. Eine Informationstafel erklärt Entstehung und Bedeutung des Naturwunders auf knapp 600 Metern Höhe. Der Weg zu den Eislöchern führt von **St. Michael** über die **Gleif-Kapelle** und **Schloss Gandegg**. An besonders heißen Tagen lockt der **Montiggler Wald** mit dem **Kleinen** und **Großen Montiggler See**.

KALTERN Der alte Kern von Kaltern ähnelt mit Hauptstraße und geschlossenem Marktplatz dem einer Kleinstadt. Der Wechsel von Weinbauernhäusern und Adelssitzen ist typisch für diesen Landesteil. Ein Beispiel dafür ist der Ansitz Buol als künftiger Sitz des Weinbaumuseums.
SEHENSWERT Der inmitten der Überetscher Weinberge gelegene **Kalterer See** ist der wärmste See der Alpen.

UMGEBUNG Auf der Fahrt von Kaltern hinunter an den See begleitet uns einige hundert Meter lang eine Natursteinmauer. Dahinter liegt eine faszinierende Welt: Hier reifen die Weine des Gutes Manincor. Der Name geht auf Hieronymus Manincor zurück, der den Ansitz erbauen ließ. Im Jahr 1662 heiratete eine Enkelin Manincors einen Grafen Enzenberg. Der aktuelle Gutsherr heißt Graf Michael von Goess-Enzenberg. Seit 1996 bewirtschaftet er Manincor.

NEUMARKT/AUER Mittelalterliche Lauben aus dem 13. Jahrhundert bestimmen das Ortsbild. Die erkergeschmückten Fassaden und die großen Tore erinnern an den einst wohlhabenden Handelsort mit fast städtischem Charakter.
SEHENSWERT Der **Rabenkofel** (406 Meter) über Auer ist eine sagenumwobene und geheimnisvolle Kultstätte. Zu sehen sind nur mehr Mauerreste. Hier soll einmal eine Burg gestanden haben, Castel Foederis, von der sich der Name Castelfeder ableitet.

PETERSBERG/WEISSENSTEIN Der berühmteste Wallfahrtsort Südtirols liegt auf einer Hochfläche (1521 Meter) oberhalb der Siedlung Petersberg (in der Gemeinde Deutschnofen). Als ›Geburtsjahr‹ gilt 1553: Da soll der Bauer Leonhard vom Weißensteiner Hof nach einem glücklich überlebten Absturz einen Bildstock errichtet haben. Als der Grund für eine Kapelle ausgehoben wurde, fand sich eine kleine Marienstatue.
SEHENSWERT Die **Basilika** im Barockstil wurde im Jahr 1654 vollendet. Der Pilgerweg führt von Leifers herauf.

SALURN Der südlichste Ort Südtirols markiert die Landesgrenze. Hier nähern sich Fennberg im Westen und Geierberg im Osten bis auf zwei Kilometer.
SEHENSWERT Hoch über Salurn liegt die **Haderburg**, ein richtiges Raubritternest. Im Jahr 1551 war Philipp Melanchthon, Freund und Mitstreiter Martin Luthers, anlässlich einer Reise nach Rom auf der Haderburg zu Gast.

TRAMIN Auffallend sind in der Heimat des Gewürztraminers die vielen schönen Kirchen.
SEHENSWERT Der Bau der **Pfarrkirche** mit dem höchsten gemauerten Turm im Land (83,5 Meter) geht auf das Jahr 1022 zurück, die Fresken aus dem 15. Jahrhundert sind wahre Meisterwerke. Der romanische Freskenzyklus in der Apsis von **St. Jakob in Kastelaz** (12. Jahrhundert) kombiniert Christus und die zwölf Apostel mit fantastischen Fabelwesen wie Hexen und Fischweibern. Inmitten der Weinberge steht das **Kirchlein St. Valentin**, in Söll die **Kirche zum hl. Mauritius**.

PUSTERTAL

ANTHOLZ Im Sommer wird von Antholz aus auch gern ein Ausflug ins Osttiroler Defereggental unternommen. Im Winter ist der Übergang, der Staller Sattel (2052 Meter), gesperrt. Dafür kann man zwischen Olang und Antholzer See wunderbar langlaufen oder am Kronplatz Ski fahren. Berühmt ist das Biathlon-Weltcuprennen im Januar (www.biathlon-antholz.it).

BRUNECK Die Keimzelle der Stadt ist das Landgut Ragen, das eine Dame mit dem schönen Namen Swanhild um das Jahr 900 dem Bischof von Brixen geschenkt hat. Die Stadtteile Ober- und Außerragen erinnern an das Gut. Ein Nachfolger des Beschenkten, Bischof Bruno, ließ im 13. Jahrhundert die Siedlung befestigen.
SEHENSWERT Den Stadtkern betritt man durch das **Ursulinentor** im Westen, so benannt nach dem Kloster. Nun öffnet sich die **Stadtgasse**, die der im Jahr 2007 verstorbene Schriftsteller und Journalist Josef Rampold ›zu den schönsten Hauptstraßen Tirols‹ zählte. Eine besondere Rolle im beeindruckenden Häuserensemble aus dem 15. und 16. Jahrhundert spielt das **Haus Nr. 29**. Dort erinnert ein Wappenstein daran, dass hier um 1528 der Maler und Bildhauer Michael Pacher lebte, der bedeutendste Tiroler Künstler der Spätgotik. Das lebensgroße Kruzifix in der **Pfarrkirche** wird Pacher zugeschrieben. Auf **Schloss Bruneck** ist als fünftes **Messner Mountain Museum (MMM)** das **Museum Ripa** untergebracht (www.messner-mountain-museum.it).

PUSTERTALER RADWEG

UMGEBUNG Der **Kronplatz**, Südtirols Skiberg Nummer eins (2275 Meter), ist im Sommer ein Wandergebiet und mit Aufstiegsanlagen von Stefansdorf und Olang aus erreichbar (www.kronplatz.com).

INNICHEN/SEXTEN Der letzte große Ort vor der Staatsgrenze überrascht mit seinen Kirchen. Zwei der fünf Innicher Kirchen sind Nachbildungen der Grabeskirche von Jerusalem und der Altöttinger Gnadenkapelle.
SEHENSWERT Die **Stiftskirche** ist der bedeutendste romanische Sakralbau des Landes. Bischof Bruno von Brixen hat sie 1284 geweiht, Glanzstück im Innenraum sind das Kuppelfresko und die Kreuzigungsgruppe, beide aus dem 13. Jahrhundert. Im ältesten Haus der Ortschaft, dem Domschulgebäude, ist das **Stiftsmuseum** untergebracht. Seit 1983 gibt es Einblick in die Geschichte des Stiftes.

UMGEBUNG Die **Drei Zinnen** sind das Wahrzeichen des Naturparks Sextener Dolomiten. Der knapp 2700 Meter hohe Einserkofel bildet zusammen mit dem Neuner-, Zehner-, Elfer- und Zwölferkofel die Sextener Sonnenuhr: Von bestimmten Punkten aus gesehen steht die Sonne um 12.00 Uhr mittags tatsächlich über dem Zwölfer.

ST. LORENZEN Diese Gegend zählt zum kulturträchtigsten Raum im Pustertal. Hier stand einst das ab dem Jahr 1938 freigelegte **Römer-Castell Sebatum**.
SEHENSWERT Die **römische Ausgrabungsstätte** zeigt die Reste von Wohnhäusern, Truppenunterkünften und eine Markthalle. An der Hauptstraße steht ein römischer Meilenstein.

TAUFERER AHRNTAL Hier zählt vor allem das grandiose Naturerlebnis. Besonders eindrücklich ist eine Wanderung zu den rund 170 Meter hohen Reinbachwasserfällen.
SEHENSWERT **Burg Taufers** war bis 1340 Sitz eines der mächtigsten freien Adelsgeschlechter Tirols, der Herren von Taufers, und zählt zu den größten Schlössern im Lande. Heute ist es im Besitz des **Südtiroler Burgeninstitutes** (www.burgeninstitut.com). Auch zwei Schauplätze des **Südtiroler Bergbaumuseums** liegen im Ahrntal: Im Kornkasten Steinhaus wird die Geschichte von 500 Jahren Kupferabbau gezeigt, 15 Kilometer weiter lockt das Schaubergwerk Prettau (www.bergbaumuseum.it).

TOBLACH Das Toblacher Feld hat geografische Bedeutung als Wasserscheide zwischen Adria und Schwarzem Meer und strategische, weil es auf dem Weg nach Venedig eine wichtige Nachschubstation für so manchen Feldherrn war. Heute bringt man Toblach vor allem mit Sport und Kultur in Verbindung. So erinnern die Gustav-Mahler-Musikwochen jedes Jahr an den berühmten Stammgast (www.gustav-mahler.it).

WELSBERG/NIEDERDORF/PRAGS Lange bevor die Gastwirtin Emma Hellenstainer von Niederdorf aus den Fremdenverkehr im Pustertal ankurbelte, war das Straßendorf als Zoll- und Raststation von Bedeutung. Welsberg ehrt eine Persönlichkeit anderer Art: Der berühmte Barockmaler Paul Troger (1698 bis 1762) wurde hier geboren.
SEHENSWERT Die Pfarrkirche mit den von Paul Troger geschaffenen Altarbildern.

LADINIEN UND SCHLERNGEBIET

AM KREUZKOFEL

GADERTAL/VAL BADIA Dass das Gadertal vom Pustertal aus erschlossen wurde, hat historische Ursachen: Seit dem Jahr 1039 unterstand das Gericht Enneberg dem Kloster Sonnenburg, und die meisten Gebiete des Tales gehörten dem Bischof von Brixen. Vier Gemeinden gibt es: Enneberg mit St. Vigil, St. Martin in Thurn, Wengen und Abtei mit Pedraces als Verwaltungssitz.

SEHENSWERT Manche der ursprünglich gotischen Kirchen im Gadertal erhielten im 17. und 18. Jahrhundert barocke Formen. In **St. Vigil** und **St. Leonhard** stehen zwei besonders schöne Exemplare. Das alte **Wallfahrtskirchlein Heiligkreuz** in 2043 Metern Höhe erreicht man mit einem Gondellift von Pedraces aus. Schon gegen Ende des 15. Jahrhunderts stand hier ein Hospiz für Wallfahrer. Deutlich älteren Datums ist das, was ein Fossiliensammler im Jahr 1987 in der **Conturineshöhle** (2800 Meter) entdeckte: einen urgeschichtlichen Bärenfriedhof. Die Skelette bewiesen, dass der hier bereits seit Zehntausenden von Jahren ausgestorbene Bär die Größe des nordamerikanischen Grizzly hatte. Das im 12. Jahrhundert errichtete **Schloss Thurn** in St. Martin in Thurn wurde 1996 vom Land Südtirol angekauft. Dort gibt das **Museum Ladin** Einblick in Sprache, Kultur und Geschichte der Dolomitenladiner (www.museumladin.it).

GRÖDEN/GHERDEINA Ursprünglich war Gröden ein reiner Sommerferienort, heute ist das Tal als Wintersportregion bekannter. So gehören die Ski-Weltcuprennen auf der Saslongpiste in St. Christina Mitte Dezember zu den großen Herausforderungen im Weltcupwinter (www.saslong.org). Wegen der ungezählten Wandermöglichkeiten erfreut sich Gröden aber nach wie vor auch als Sommerferiengebiet größter Beliebtheit. Zur Hochsaison im Winter haben an schönen Tagen 10 000 bis 15 000 Menschen das gleiche Ziel: den **Sellastock** umrunden, entweder im Uhrzeigersinn (Farbe Orange) oder in die Gegenrichtung (Farbe Grün). Die letztere Variante ist ein wenig leichter. Aber vielleicht sollte das jeder mit sich und seinen Skiern selber ausmachen (www.dolomitisuperski.com). Im Sommer lässt sich der Sellastock auch mit dem Rad umrunden. Vom Grödner Joch auf die Cirspitzen führen zwei Klettersteige, die unterschiedlichsten Ansprüchen genügen: der auf die Große Cir (2592 Meter) ist der leichtere, der auf die Kleine Cir (2520 Meter) deutlich anspruchsvoller und nur für erfahrene Bergsteiger geeignet. Spaß machen beide, und von beiden Gipfeln genießt man einen tollen Panoramablick. Wer genügend Klettersteigerfahrung hat, der kann auch beide Touren miteinander kombinieren.

SEHENSWERT Im Süden von St. Christina steht die **Fischburg**, ein Jagd- und Lustschloss, von 1622 bis 1641 im Renaissancestil erbaut. Der Name kommt von der Fischzucht, die sich Burgherr Engelhard Freiherr von Wolkenstein angelegt hatte. Für eine Wanderung eignet sich das **Langental**. Ausgangspunkt ist Wolkenstein. Den Taleingang beherrscht eine Burgruine. Wie ein Adlerhorst kleben die Reste der **Burg Wolkenstein** (13. Jahrhundert) am Felsen. Nach einem Spaziergang über Wiesen verengt sich das Tal zur Schlucht. Am Talende türmt sich die zerklüftete Puez-Gruppe auf. In der **Cësa di Ladins**, dem Haus der Ladiner in St. Ulrich, zeigt das **Museum de Gherdeina** (Museum Gröden) parallel zwei Geschichten – jene des Tals und die von Luis Trenker (www.valgardena.it).

HOCHABTEI/ALTA BADIA Im Jahr 1856 wurde die Straße nach Gröden eröffnet, die Straße ins Gadertal bis nach Corvara erst 30 Jahre später, und zwar von St. Lorenzen im Pustertal aus. **Corvara** (1580 Meter) ist heute nicht nur Mittelpunkt des Tales, sondern auch Sitz der Gemeinde Ladinia, die es gemeinsam mit Colfuschg bildet. Wer sich im Urlaub ins Getümmel werfen will, der ist in Alta Badia am richtigen Platz. Hier gibt es alles außer Langeweile. Zudem hat die Ferienregion Alta Badia die größte Dichte an Feinschmeckerrestaurants im Alpenraum. Wohl nicht zufällig heißt es, hier blüht das Edelweiß und leuchten die Michelin-Sterne … Gourmetküche der Extraklasse wird übrigens auch in ausgewählten Skihütten angeboten: *Sciare con gusto* (Ski fahren mit Genuss) heißt das Motto, das in der Wintersaison die besten Küchenchefs Südtirols zu gastronomischen Spitzenleistungen vereint. Ein Hüttenzauber der ganz besonderen Art, den sich kein Feinschmecker entgehen lassen sollte (www.altabadia.org).

SEISER ALM/SCHLERN Noch ein Ort für Kontraste: Felszacken und mächtige Plattenwände prägen das Bild – und mittendrin ein je nach Jahreszeit entweder grünes oder weißes Meer aus Weiden und Wiesen. Am Fuß der Seiser Alm liegen die drei Ferienorte **Seis**, **Völs** und **Kastelruth**. Wintersport betreibt man hier in allen seinen Facetten – zwei

Wanderungen aber stehen über allen anderen: die Besteigung des Schlern (2564 Meter) – ein toller Aussichtsberg –, und die Umrundung der Langkofelgruppe auf einer Höhe von meistens 2000 Metern. Auch das Brauchtum wird gepflegt: Beim Oswald-von-Wolkenstein-Ritt messen sich Vierermannschaften aus allen Landesteilen in verschiedenen Reiterspielen (www. ovw-ritt.com).

SEHENSWERT sind die Kirchen **St. Konstantin** in Völs und **St. Valentin** zwischen Kastelruth und Seis vor allem wegen ihrer Lage. Die Türme tragen den hierzulande eher seltenen Zwiebelhelm. Vom Stammsitz der Herren von Völs-Colonna, **Schloss Prösels** in Völs, war im 19. Jahrhundert nur mehr eine Ruine übrig. Die restaurierte Anlage kann besichtigt werden und dient vorwiegend als Veranstaltungsort. Interessant sind die Waffensammlungen der Schlachten von Solferino und Custozza (www. schloss-proesels.it). Die Herren von Völs-Colonna legten auch mehrere künstliche Teiche an, um Karpfen zu züchten. Der **Völser Weiher** (1036 Meter) dürfte einer davon sein. Ein Teil dieses einen Hektar großen Teiches steht heute unter Naturschutz, doch der Rest ist mit einer Wassertiefe von bis zu 3,5 Metern ein beliebtes Badeziel an heißen Sommertagen. Im Winter wird der Weiher als Natureislaufplatz genutzt.

Die **Ruine Hauenstein** (1237 Meter) bei Seis am Fuße der Santnerspitze ist eine jener typischen Dolomitenburgen, die eng verbunden sind mit dem Gestein dieser Berglandschaft. Dort verbrachte Oswald von Wolkenstein seine letzten Lebensjahre.

WELSCHNOFEN/KARERSEEREGION Wer eine kontrastreiche Landschaft sucht – im Eggental findet er sie: hier die vielen Grüntöne der Wälder, darüber die beinahe senkrechten Felsen des Rosengartens und der Latemargruppe, die aussieht, als hätte ein Riese eine Zyklopenmauer aufgetürmt. Bevor die neue Straße ins Eggental gebaut wurde, musste die enge Talschlucht häufig gesperrt werden, weil immer wieder Felsen auf die Straße donnerten. Kaiserin Elisabeth von Österreich ließ sich davon ebenso wenig beeindrucken wie Agatha Christie oder Winston Churchill. Die prominenten Gäste wohnten im 1893 errichteten Grand Hotel Karersee.

SEHENSWERT Schön ist im Sommer eine Wanderung zum **Karersee** (1534 Meter), in dem sich – Abendsonne vorausgesetzt – die Latemartürme spiegeln. Wer am Karerpass noch ein Stück nach Osten geht und glaubt, in der Ferne das Matterhorn vor sich zu haben, wundert sich zunächst. Doch der **Cimone della Pala** ist einer der schönsten Dolomitengipfel und wird nicht zufällig auch ›Matterhorn der Dolomiten‹ genannt. Keine optische Täuschung ist der in der Abendsonne leuchtende **Rosengarten**. Der rötlich glühenden Felsenkette nähert man sich von Welschnofen aus (Sessellift zur Rosengartenhütte, 2339 Meter). Wer trittsicher und bergerfahren ist, kann hier die imposanten Bilder der Marmolada und der Vajolettürme genießen.

VÖLSER WEIHER

MERAN UND VINSCHGAU

HAFLING Die kleine Berggemeinde auf 1200 Metern Höhe bevorzugen Meraner Familien für die Sommerfrische. Bei ›Hafling‹ denkt man an die kleinen, stämmigen Pferde mit der blonden Mähne. Ihr Stammvater stand zwar in einem Stall in Schluderns im Obervinschgau, heimisch geworden sind sie jedoch am Tschögglberg; dem Bergrücken, der sich von Hafling über Vöran und Mölten bis nach Jenesien zieht. Wer die blonden ›Galopper‹ im Wettkampf erleben will, sollte sich die Haflingerrennen am Meraner Pferderennplatz nicht entgehen lassen (jährlich am Ostermontag).
SEHENSWERT ist das Hochplateau unterhalb des Meraner Hausbergs Ifinger. Auf geführten Wanderungen im welligen Gelände lernt man die alpine Landschaft kennen).

LANA Jeder achte in der EU produzierte Apfel kommt aus Südtirol und jeder zehnte Südtiroler Apfel aus der Marktgemeinde Lana. Rund 70 000 Tonnen jährlich werden rund um den Ort geerntet. Kein Wunder, dass man dem Apfel in Form eines Museums ein Denkmal gesetzt hat. Nur Graf Brandis hat dem Apfel – fast – abgeschworen und einen Teil seiner Wiesen einem Golfplatz geopfert.
SEHENSWERT Im mittelalterlichen **Ansitz Larchgut** befindet sich das **Südtiroler Obstbaumuseum**. Dokumentiert werden die Geschichte und Entwicklung dieses Wirtschaftszweiges sowie die aktuelle Situation (www.obstbaumuseum.it).

UMGEBUNG Die Seilbahn **Vigiljoch** führt auf den Hausberg der Gemeinde (1800 Meter). Die Bergstation ist Ausgangspunkt für Spaziergänge, Wanderungen und anspruchsvolle Bergtouren. Das Schönste: Das Vigiljoch ist autofrei und damit auch frei von den Autoabgasen. Eines der schönsten Seitentäler im Burggrafenamt ist das **Ultental**. Berühmt sind die gut erhaltenen, Jahrhunderte alten Bauernhöfe in den Dörfern **St. Nikolaus** und **St. Gertraud**. Dort kann man übrigens auch die vielleicht ältesten Nadelbäume von Europa bestaunen. Die Ultner Urlärchen sind 2000 Jahre alt und bis zu 30 Meter hoch.

MERAN Der Meraner Talkessel bildete zur Römerzeit das alte Maia: Damit war eine Gegend gemeint, mit einem Militärlager als Mittelpunkt. Die strategische Lage und die Tatsache, dass in Bozen die Bischöfe von Trient herrschten, machten die Bedeutung des kleinen Dorfes am Küchelberg aus, das fast 200 Jahre lang Landes-

IM PROKULUS-KIRCHLEIN BEI NATURNS

hauptstadt war. Unter Meinhard II. wurde Meran zum Wirtschaftszentrum. Der zweite Bauboom ging dann mit dem Aufstieg zur Kurstadt einher. Wer Meran aus der Vogelperspektive sehen will, kann dies ohne große Mühe am Tappeinerweg tun, einem der schönsten Promenadenwege im Alpenraum. In rund 100 Metern Höhe spaziert man oberhalb der Altstadt entlang. Den Tappeinerweg erreicht man von der Stadt aus über einen Serpentinenweg bei der Galileistraße (hinter der Landesfürstlichen Burg) oder – etwas mühevoller – über einen Treppenaufgang hinter der Pfarrkirche. Die Konzertreihe Meraner Musikwochen (Ende August bis Ende September) gehört heute zu den Top-15-Klassikfestivals der Welt (www.meranofestival.com). Am zweiten Oktober-Wochenende lockt das Traubenfest, ein Folklore-Spektakel mit bis zu 100 Trachtengruppen, Festwagen und Musikkapellen aus dem In- und Ausland.
SEHENSWERT ist der **Altstadtkern** zwischen den Stadttoren mit der **Pfarrkirche zum heiligen Nikolaus**. Die **Landesfürstliche Burg** ist ein Geschenk von Erzherzog Sigmund an seine Gattin Eleonore, Tochter des schottischen Königs Jakob I. Um seiner gebildeten Gemahlin das Einleben in der Fremde zu erleichtern, ließ er 1448 inmitten der Stadt das Schlösschen bauen. Heute dient es als Kulisse für standesamtliche Trauungen. Im **Botanischen Garten Schloss Trauttmansdorff** am Osthang im Meraner Talkessel schlängeln sich Spazierwege vorbei an japanischen Reisterrassen, Kakteenwüsten und mediterranen Kulturpflanzen (www.trauttmansdorff.it): »Die ganze Welt in einem Garten« lautet hier das Motto. Die Erfolgsgeschichte von Trauttmansdorff begann bereits im Oktober 1870: Damals wählte Kaiserin Elisabeth von Österreich das Schloss als Feriendomizil. Mit mehr als hundert Bediensteten im Gefolge blieb Sisi bis Juni 1871. Heute folgen jährlich mehr als 300 000 Besucher den Spuren der Kaiserin. Einen Einblick in die Fremdenverkehrsgeschichte des Landes gibt das **Touriseum** im Schloss Trauttmansdorff (www.touriseum.it).

UMGEBUNG Von der Töll bis Lana verläuft der **Marlinger Waalweg** (rund 13 Kilometer). Etwas höher hinauf führt die Seilbahn von Dorf Tirol auf die **Muthöfe** (1400 Meter). Zu Fuß erreicht man die Gasthöfe immer von Tirol aus oder über den kleinen Weiler Vellau, der oberhalb von Algund liegt. Die letztere Variante ist allerdings nur absolut schwindelfreien und trittsicheren Wanderern anzuraten.

NATURNS/PARTSCHINS Auf dem Weg vom Meraner Talkessel in den Vinschgau liegen zwei typische Burggräfler Obstbaugemeinden: Partschins und Naturns.
SEHENSWERT Am Ortsrand von Naturns befindet sich das romanische Kirchlein **St. Prokulus**, wahrscheinlich die älteste Kirche Tirols. Daneben das neue **Prokulus Museum**, das in Video-Installationen Spätantike, Mittelalter und frühe Neuzeit mit Laiendarstellern anschaulich macht. Im Museum sind auch die gotischen Fresken aus der Kirche zu sehen (www.prokulus.org). Aus Partschins stammt Peter Mitterhofer, der Erfinder der Schreibmaschine. Ihm ist das Schreibmaschinenmuseum gewidmet (www.schreibmaschinenmuseum.com).

PASSEIER Das Tal der Weiler, Einzelhöfe, Schildhöfe. Albert II. von Tirol soll zwölf tapfere Passeirer als Schildknappen auserkoren haben, als er 1154 mit Friedrich Barbarossa vor Mailand lag. Für ihre Dienste erhielten sie Höfe und Adelsrechte.
SEHENSWERT Über die Geschichte des Tales, die Lebensweise der Bauern sowie über Leben und Sterben des Freiheitshelden Andreas Hofer informiert das **Museum Passeier** beim ›Sandwirt‹ in **St. Leonhard**, dem Geburtshaus Andreas Hofers. Das Museum gliedert sich in einen Volkskunde- und einen Freilichtbereich, zudem gibt es mit dem Franzosenfriedhof, der Jaufenburg und Pfistrad-Alm drei interessante Außenstellen (www.museum.passeier.it).

SCHENNA Erzherzog Johann, der Lieblingshabsburger aller Tiroler, lebte und starb auf Schloss Schenna (1859). Im Friedhof befindet sich das Mausoleum, in dem der Erzherzog und seine Gemahlin begraben wurden. Bekannt ist Schenna für die jährliche Südtirol-Classic-Rallye (www.suedtirolclassic.com).
SEHENSWERT **Schloss Schenna** beherbergt die größte private Waffensammlung in Tiroler Schlössern (www.schloss-schenna.com).

SCHLANDERS Der Hauptort des Vinschgaus ist ein guter Ausgangspunkt für interessante Ziele in der Umgebung: das Marmordorf Laas, Latsch und das Martelltal im Stilfserjoch Nationalpark.
SEHENSWERT Der **Nationalpark Stilfserjoch** ist das größte Schutzgebiet seiner Art in Italien. Wer die Parkbewohner zu Gesicht bekommen will (Gemsen, Adler, Murmeltiere, Steinböcke), muss früh aufbrechen (www.stelviopark.it).

SCHLUDERNS/MALS Mit Glurns, Kloster Marienberg und der Churburg hat der obere Vinschgau kulturelle Highlights zu bieten. Weithin sichtbar sind die Türme von Mals, interessant für den Kunstliebhaber die romanischen Kirchen.
SEHENSWERT **Kloster Marienberg** (12. Jahrhundert) wird bis heute von Benediktinern bewohnt (www. marienberg.it). Die **Churburg** zählt zu den besterhaltenen Schlossanlagen Südtirols (www.churburg.com).

GÄRTEN VON TRAUTTMANSDORFF

SCHNALS Im Schnalstal wurde Ötzi gefunden. Weitere Gründe, diesem Seitental des Vinschgaus ein bisschen Zeit zu widmen, sind der Schafwechsel über die Jöcher, das Gletscherskigebiet, die recht gut erhaltenen Bergbauernhöfe und noch einiges mehr.
SEHENSWERT Die **Kartause Allerengelberg** (14. Jahrhundert) war bis zum Jahr 1782 von Mönchen bewohnt. Die Anlage ist ganzjährig geöffnet und kann besichtigt werden.
Vom **ArcheoParc** starten 15 ausgewiesene archäologische Wanderwege, die entweder geführt oder individuell beschritten werden können. Eine Dauerausstellung zeigt Leben, Lebensweise und Lebensraum des Mannes aus dem Eis vor 5000 Jahren (www.archeoparc.it). **Schloss Juval** ist zugleich Sommersitz von Reinhold Messner und Teil des **Messner Mountain Museum** (www.messner-mountain-museum.it) mit mehreren Kunstsammlungen zum Thema Mythos Berg.

TIROL (DORF) Der an den Hängen des Küchlbergs gelegene Luftkurort gilt als die Sonnenterrasse Merans und wird vom Schloss Tirol überragt: Das ehemalige Stammschloss der Grafen von Tirol ist die Keimzelle des Landes. Wanderer schätzen die nordwestlich von Dorf Tirol auf 2500 Meter Höhe im Herzen der Texlergruppe gelegenen zehn Spronser Seen – die größte hochalpine Seenplatte.
SEHENSWERT Auf romanische Ursprünge zurück geht im Ortszentrum die 1164 erstmals urkundlich erwähnte **Pfarrkirche zum hl. Johannes der Täufer**. **Schloss Tirol** beherbergt das **Museum für Kultur und Landesgeschichte**. Im Juni und Juli gibt es darüber hinaus wöchentlich die »Soireen auf Schloss Tirol«. International renommierte Ensembles bieten mittelalterliche und Renaissancemusik dar (www.schlosstirol.it).

BEGEGNUNGEN

Dem ›Mythos Berg‹ gewidmet ist im Messner Mountain Museum (MMM) auf Schloss Juval auch die Tibetikasammlung. Manch einem mag die direkte Konfrontation fernöstlicher Glaubenswelten mit dem traditionell christlichen Südtirol zunächst einmal etwas fremd anmuten. Doch wer sich etwa mit der Lebensgeschichte des um 560 vor Christus geborenen historischen Buddha, Siddhartha Gautama, beschäftigt, wird sich darin zumindest in der Erkenntnis wiederfinden, dass wir alle Suchende sind – und immer waren.

DATEN UND FAKTEN

LANDESNATUR Bevölkerung: In Südtirol leben knapp 500 000 Menschen, die Bevölkerungsdichte beträgt 0,1 Einw. pro km². 70 Prozent der Bevölkerung sind deutschsprachig, ein Viertel Italiener, etwa vier Prozent Ladiner.

GEOGRAFIE Südtirol umfasst eine – zu 90 Prozent gebirgige – Fläche von knapp 7400 km² und grenzt im Südwesten an die Provinz Sondrio (Lombardei), im Westen an den Schweizer Kanton Graubünden, im Norden und Osten an die österreichischen Bundesländer Tirol und Salzburg sowie im Süden an die Provinzen Belluno (Venetien) und Trient. Die höchsten Erhebungen sind der Ortler (3905 m) und dessen Nachbar, die Königsspitze (3859 m). Als ›Hausberg‹ gilt der Schlern (2564 m). Höchster Berg der Dolomiten ist die Marmolada (3343 m). Die Etsch durchfließt Südtirol auf einer Länge von 140 km, vom Quellgebiet am Reschenpass bis zur Salurner Klause. Sie ist nach dem Po der zweitlängste Fluss Italiens und mündet nach 415 km in das Adriatische Meer.

POLITIK Der amtliche Name Südtirols lautet Autonome Provinz Bozen-Südtirol (it.: Provincia Autonoma di Bolzano, ladinisch: Provinzia Autonóma de Balsan). Es gibt insgesamt 116 Gemeinden. Stärkste politische Kraft im Lande ist seit 60 Jahren die Südtiroler Volkspartei, die sich als Interessenvertretung der deutschen und ladinischen Bevölkerung sieht. In der Südtiroler Landesregierung müssen laut Autonomiestatut alle drei Volksgruppen (Deutsche, Italiener, Ladiner) im Verhältnis ihrer Stärke im Landtag vertreten sein.

RELIGION 95 Prozent der Bevölkerung sind römisch-katholisch. In Bozen und Meran gibt es auch evangelische Kirchengemeinden.

WIRTSCHAFT Südtirol hat mit einer Arbeitslosenrate von unter drei Prozent praktisch Vollbeschäftigung. Wichtigste Standbeine sind die Landwirtschaft, der Tourismus und das mittelständische Handwerk.

GESCHICHTE

UM 7000 V. CHR. Der Alpensüdrand ist bereits besiedelt.

UM 1000 V. CHR. Der Brenner wird zum Bindeglied zwischen Nord und Süd. Die Illyrer dringen bis ins heutige Südtirol vor. Später folgen Kelten, Kimbern und Etrusker.

476 Ende des Weströmischen Reiches. Im Zuge der Völkerwanderung kommen Goten, Franken, Langobarden und Bajuwaren über die Alpen.

UM 1140 wird Schloss Tirol von den Vinschgauer Grafen gebaut, die sich nach dem Schloss nun »Grafen von Tirol« nennen.

13. JAHRHUNDERT Graf Albert IV. vereinigt mehrere Grafschaften südlich des Brenners und damit jenes Gebiet, das heute in etwa Südtirol umfasst. 1253 gehen Schloss und Besitz durch Heirat an die Grafen Görz-Tirol.

1363 Margarethe von Tirol-Görz, genannt Maultasch, die letzte Erbin der Grafenfamilie, übergibt nach dem Tod ihres Sohnes Meinhard III. Tirol an Rudolf IV. von Habsburg.

15. JAHRHUNDERT Wirtschaftliche Blütezeit unter Kaiser Maximilian I.; Innsbruck wird anstatt Merans Landeshauptstadt.

1632–1646 Bozen wird unter Claudia de' Medici eine bedeutende Handels- und Messestadt.

1797 Krieg zwischen Österreich und Frankreich. Napoleons Truppen marschieren in Bozen ein.

1805 Friede von Pressburg.

1809/1810 Tiroler Freiheitskrieg unter Führung des Passeirer Gastwirtes Andreas Hofer.

1813 Ende der Herrschaft Napoleons.

1836 Erste Kurgäste reisen nach Meran.

1867 Die Brennereisenbahn wird eröffnet.

1919 Friedenskonferenz von St. Germain in Paris. Das Tirol südlich des Brenners wird Italien zugeschlagen.

1939 Hitler und Mussolini beschließen das Umsiedlungsabkommen (›Option‹). Die Südtiroler müssen entscheiden, ob sie ›heim ins Reich‹ oder bleiben wollen.

1943 Mussolini wird gestürzt. Deutsche Truppen besetzen Südtirol.

1945 Ende des Zweiten Weltkriegs. Gründung der Südtiroler Volkspartei (SVP). Bei der Friedenskonferenz in Paris wird entschieden, dass Südtirol bei Italien bleibt.

1946 Die Außenminister Italiens und Österreichs unterzeichnen einen Vertrag zum Schutz der Südtiroler Minderheit.

1960 Österreich bringt das Südtirol-Problem vor die Vereinten Nationen und erhält ein Schutzmachtmandat für Südtirol.

1961 Die Feuernacht vom 11. auf den 12. Juni leitet eine Reihe von Sprengstoffanschlägen ein.

1963–1969 In Rom regiert erstmals eine Mitte-Links-Koalition. Die Verhandlungen zum Zweiten Autonomiestatut (›Südtirol-Paket‹) beginnen. Es umfasst 137 Maßnahmen zum Schutz der deutschen Minderheit in Italien.

1991 Im Schnalstal am Tisenjoch entdeckt ein Urlauber-Ehepaar aus Nürnberg die Gletschermumie Ötzi.

1992 Der seit 30 Jahren vor der UNO anhängige Streit zwischen Österreich und Italien wird formell beigelegt.

1998–2008 Das Schengen-Abkommen tritt in Kraft. Am Brenner und den anderen italienisch-österreichischen Grenzübergängen werden die Schlagbäume entfernt. Gründung der Freien Universität Bozen. 2008 tritt auch die Schweiz dem Schengen-Abkommen bei.

2009 Gedenkjahr zur 200. Wiederkehr der Tiroler Freiheitskriege von 1809. Die UNESCO erklärt die Dolomiten zum Welterbe.

2010 Am 25. Mai stirbt Silvius Magnago in Bozen. Von 1960 bis 1989 war er Landeshauptmann von Südtirol und erreichte 1969 die weitgehende Autonomie von Italien.

REGISTER

A
Ahrntal 90, 151
Algund 125, 154
Alt-Schluderbach 88
Alta Badia 110, 152
Antholz 87, 151
Antholzer Tal 87, 90
Astalm **92**
Auer 66, 150

B
Bletterbach 79
Bletterbachschlucht 61, **79,** 101
Boymont, Burgruine 75, 150
Boymont, Schloss 63, 75, 150
Bozen 7, 11, **12/13,** 18, 23, 26, **40/41, 42,** 43, **45, 49, 56,** 63, 64, 65, 82, 108, 119, 125, 130, 146, 148, **149,** 154, 157
Brenner 7, 23, 88, 146
Brennerpass 24
Brixen 23, 25, 26, **29, 30,** 31, 82, 146, **147**
Bruneck 90, 91, **92, 96,** 97, 151
Bruneck, Schloss 55, **74,** 151
Burggrafenamt 128, 154

C
Castelfeder 61, 66, 150
Churburg **130,** 131, 155
Cirspitzen **9/10,** 152
Colfusch **106,** 107, 152
Conturineshöhle 152
Corvara 107, 111, 152

D
Deutschnofen 150
Dietenheim 92, **93**
Dolomiten 55, **58/59,** 66, 79, 87, 88, 90, **91, 100,** 101, 102, **103,** 107
Drau 88
Drei Zinnen 88, 90, 95, 101, 151
Dreizinnenhütte 102
Durnholzer Tal 118

E
Eggental 153
Eisack 44, 88
Eisacktal 21, 23, 26, 32, **38, 47,** 82, 110, **146,** 147, 149
Emerentia Hellenstainer 88
Eppan 63, 64, 75, 82, 150
Erdpyramiden **56,** 149
Etsch 44, 64, 65, 66, 131

F
Feldthurns 26, 146
Fennberg 65, 150
Fermedatürme **100,** 101
Fleimstal 66
Franzensfeste 23, 24, 146

G
Gadertal 105, 107, 111, 117, 152
Geislergruppe 21, **27,** 38, 101, 147
Glurns 131, 155
Gossensass 23, 146
Gries 43, 44, 45, 148
Gröden 105, 107, 108, 110, 111, 152
Grödner Joch 109, 110, 152
Gschnagenhart-Alm 26

H
Haderburg **74,** 150
Hafling 52, 154
Hauslabjoch 130, 148
Hexenbänke 108
Hittaler Hof 97, **98/99**
Hochabtei 152
Hocheppan, Burg 63, 74, 150

I/J
Innichen 89, 151
Jaufen 127
Juval, Schloss 55, **75,** 128, 130, 155

K
Kaiserweg 26
Kaltern 63, 64, 82, 150
Kalterersee 61, **79,** 150
Karerpass 109, 153
Karersee 113, 153
Kastanienweg 26, 146
Kastelbell 15, 130, 131, 141
Kastelruth 107, 108, 117, 152, 153
Kesselkogel **58/59**
Kesselsee **134/135**
Klausen 23, 26, 37, 146, 147
Kloster Marienberg 131, 155
Kloster Säben 26, **36,** 37, 147
Kolfuschg 111, 152
König-Laurins-Wand 120, **121**
Königsspitze 138
Korb, Schloss 63, 75, 150
Kreuzkofel 111, **152**
Kronplatz 90, 151
Kufstein 65
Kurtatsch 65
Kurtinig 65

L
Laas 131, 155
Ladinien 109, 110, 152
Lana 142, 154
Langkofelgruppe 108, 153
Langsee **134/135, 138**
Latemargruppe 101, **112/113,** 153
Latsch 131, 155
Latzfonser Kreuz 34
Laurein 128
Lebenberg, Schloss 132, **133**
Lengmooser Hospiz 47
Lienz 88

M
Mals 131, 155
Margreid 65
Marienberg, Benediktinerabtei **118,** 119
Marmolada 101, 153
Martell 131
Mazon 66
Meran 52, 63, 82, 90, 119, 125, **126, 127,** 128, **129,** 131, **136, 137,** 154
Messner Mountain Museum **54, 55,** 75, 147, 148, 151, 155
Missian 75
Mitterbad 128
Mitterberg 70
Mittewald 23
Montan 66
Montiggler Seen **70/71,** 150

N
Nals **64**
Naturns 128, 131, 154, 155
Naturpark Drei Zinnen 101
Naturpark Fanes-Sennes-Prags 87, 101, 111
Naturpark Puez-Geisler 26, 101
Naturpark Schlern-Rosengarten 101
Naturpark Trudener Horn 66
Neuhaus, Burgruine **68/69**
Neumarkt 66, 82, 150
Niederdorf 88, 151

O
Oswald-von-Wolkenstein-Ritt **27,** 153
Ötzi 7, 130, 148, 155
Ötztaler Alpen **18/19,** 127, 130, 134

P
Partschins 155
Passeier Tal 127, 155
Passer 126
Paternkofel 88, 95, 102, **103**
Pfandler Alm 128
Pfitschersee **134/135**
Pflerschtal **38,** 146
Prags 88, 151
Pragser Wildsee 87, 90
Prösels, Schloss 27, 153
Puflatsch 108, 117
Pustertal 24, 74, **84/85,** 87, 88, **92, 151,** 152

R
Ranui **20/21,** 147
Reschen 88, 123, 131, 141
Rienz 88, 90
Ringberg, Schloss 81
Ritten 7, 38, 41, **47,** 50, 56, 110, 146, 149
Rosengartengruppe 46, **58/59,** 108, 113, **120/121,** 152/153
Runkelstein, Schloss 48, 149

S
Salurn 64, 65, 82, 150
Salurner Klause 65
Santnerpass **114/115**
Sarntal 41, 46, 47, 48, 50, 149
Schenna 138, **139,** 155
Schlanders 131, 155
Schlern 27, 101, 107/108, 117, 152,153
Schluderns 128, 130, 131, 154, 155
Schnalstal 7, 128, 130, 148, 155
Seekofel **86,** 87
Seis 108, 152, 153
Seiser Alm 26, 105, **116,** 117, 152
Sellaronda **104/105,** 110
Sellastock 105, 107, 109, 110, 152
Sigmundskron, Schloss **54, 55,** 148
Similaungletscher 130
Söll 64, 150
Sonnenberg 123, 128
Spronser Seenplatte **138,** 154
St. Anton **38**
St. Christina 111, 152
St. Leonhard 127, 152, 155
St. Lorenzen 151, 152
St. Magdalena 11/12, 26, 148
St. Martin in Thurn 111, 117, 152
St. Prokulus 131, 154, 155
Staben 128
Steinhaus 91
Sterzing 23, **24,** 147
Stubaier Alpen 21, 23, 127
Südtiroler Weinstraße 61, **64,** 150
Sulden 55, 131, 154
Suldenferner **138**

T
Talfer 41, 43, 44
Tauferer Ahrntal 90, 91, 151, **159**
Terlan 63, 69, **80/81**
Thurn, Burg 117, 152
Timmelsjoch 127
Tirol, Dorf 154, 155
Tirol, Schloss **132,** 154
Toblach 85, 151
Toblacher See **92**
Töll 128, 154
Tramin 64, **72,** 73, 82, 150
Trauttmansdorff, Schloss 123, 154, 155
Tribulaun 38
Trostburg 27, 147
Tschögglberg 52, 63, 149, 154

U/V
Überetsch-Unterland 60, 150
Ulten 128
Vahrn 38, 146
Vajolettürme 121, 153
Val de Mesdi **110**
Velthurns, Schloss **75,** 146
Vernagt 7
Vernagt-Stausee **6,** 7
Villanders 26
Villanderer Alm 26
Villnöss 26, 147
Villnösstal 26, **27, 31,** 38, 74, 147
Vinschgau **14/15,** 82, 123, 128, 131, 154, 155
Völs 108, 152, 153

W/Z
Waalweg (Marlinger Waalweg) 130, 154
Welsberg 85, 88, 90, 151
Welschnofen 153
Winnebach 88
Wipptal 21, 23, 146
Zuckerhütl 23

ABSCHIED

Eine »Welt zum Wohlfühlen« verspricht die Ferienregion Tauferer Ahrntal ihren Gästen – 84 Dreitausender im größten europäischen Naturschutzgebiet laden zur Erkundung ein. Und zwar zu jeder Jahreszeit, weshalb an dieser Stelle der Dichter das letzte Wort haben soll: »Blüht nicht zu früh, ach blüht erst, wenn ich komme, / dann sprüht erst euer Meer und euren Schaum, … dem Tal den Schimmer und dem Ich den Traum.« (Gottfried Benn)

IMPRESSUM

KONZEPT, GESTALTUNG
Grubbe Media GmbH I agenten.und.freunde, München

ART DIREKTION
Iris Streck, München

BILDREDAKTION
Susanne Troll, Köln

TEXTREDAKTION
Robert Fischer, München

REALISATION
Hans-Joachim Schneider, Köln

TEXTE
Robert Asam, Robert Fischer

PREPRESS
PPP, Pre Print Partner GmbH & Co KG, Köln

EXKLUSIVFOTOGRAFIE
Udo Bernhart / **DuMont Bildarchiv**

WEITERES BILDMATERIAL
Udo Bernhart: S. 5 u. r., 5 u. l., 8/9, 12/13, 14/15, 16/17, 18/19, 20/21, 34/35, 40/41, 60/61, 62, 64, 80, 98/99, 101, 118 u. M., 118 u. r., 119, 127, 145 u. M., 155, 159
Bildagentur Huber / Cogoli: S. 32/33, 132, 137; Cozzi: S. 5 o., 112/113; Bernhart: S. 39, 73, 74 u. M., 97; Eisele-Hein: S. 114/115; Graefenhain: S. 68/69; Huber: S. 36; Müller-S.: S. 118 o.; Römmelt: S. 27 o., 51; Stadler: S. 139
Fotolia / HeikoR: S. 49
Michael Kehl: S. 100, 108
Laif / Blickle: S. 28; Celentano: S. 52/53; Gollhardt / Wieland: S. 42, 121; Heuer: S. 4 l., 136; Poolima / Hagen: S. 54 u.; Steinhilber: S. 57; Stukhard: S. 67; Zahn: S. 30, 72, 117, 124, 133
Look / age fotostock: S. 29 u.; Frei: S. 31; Greune: S. 91; Strauss: S. 25; Suedtirolfoto / Brugger: S. 78; Suedtirolfoto / Rier: S. 22, 56, 129; Suedtirolfoto / Seehauser: S. 76/77, 79
Mauritius / alamy: S. 140; imagebroker/allesfoto: 45; imagebroker / Zwerger-Schoner: S. 4 r., 86; Roemmelt: S. 84/85, 145 o. r.

TITELBILD I SCHUTZUMSCHLAG
Vorderseite: Kreuzkofel und Kirche, Johanna Huber / **Schapowalow**
Rückseite: Spronser Seenplatte in Meran, Udo Bernhart / **DuMont Bildarchiv**

1. Auflage 2012

www.dumontreise.de

Printed in Germany

ISBN 978-3-7701-8928-1